ERLEBNIS Biologie 2

Ein Lehr- und Arbeitsbuch

Schroedel

ERLEBNIS Biologie 2

Bearbeitet von
Imme Freundner-Huneke
Dr. Erwin Graf
Silke Kraft
Erhard Mathias
Anja Thesing

unter Mitarbeit von
Konrad Bauerle, Hans-Günther Beuck, Kerstin Brausewetter, Günter Brosette, Dieter Cieplik, Michael Dahl, Joachim Dobers, Eva Döhring, Hartmut Eulner, Willi Gouasé, Prof. Dr. Hans Hagenmeier, Wolfgang Hahn, Peter Hoff, Dr. Joachim Jaenicke, Heinrich Joußen, Dr. Wolfgang Jungbauer, Michael Kampf, Fritz Klöckner, Horst-Dietmar Kirks, Sebastian Körnig, Hans-Peter Konopka, Axel Knippenberg, Dr. Wolfgang Martin-Beyer, Dr. Gabriele Mai, Dagmar Mehliß, Hana Meuer, Sabine Nelke, Sigrid Pankow, Günter Rabisch, Dr. Michael Reck, Andreas Reichenbach, Sonja Riedel, Monika Semrau, Barbara Spies, Antje Starke, Hans Tegen, Dr. Frank Thomas, Reiner Wagner, Reinhard Wendt-Eberhöfer, Rolf Wellinghorst, Annely Zeeb

und der Verlagsredaktion

Illustrationen:

Brigitte Karnath-Eidner	Tom Menzel	Ingrid Schobel
Joachim Knappe	Heike Möller	Susanne Thater
Liselotte Lüddecke	Kerstin Ploß	Werner Wildermuth
Karin Mall	Barbara Schneider-Rank	

Grundlayout und Pinnwände:
Atelier *tiger*color Tom Menzel

Umschlaggestaltung:
Cordula Hofmann

ISBN 3-507-76813-5

© 2001 Schroedel Verlag GmbH, Hannover

Alle Rechte vorbehalten. Dieses Werk sowie einzelne Teile desselben sind urheberrechtlich geschützt. Jede Verwertung in anderen als den gesetzlich zugelassenen Fällen ist ohne vorherige schriftliche Zustimmung des Verlages nicht zulässig.

Druck A $^{5\ 4\ 3\ 2\ 1}$ / Jahr 05 04 03 02 2001

Alle Drucke der Serie A sind im Unterricht parallel verwendbar, da bis auf die Behebung von Druckfehlern untereinander unverändert. Die letzte Zahl bezeichnet das Jahr dieses Druckes.

 Gedruckt auf Papier, das nicht mit Chlor gebleicht wurde. Bei der Produktion entstehen keine chlorkohlenwasserstoffhaltigen Abwässer.

Gesamtherstellung:
Universitätsdruckerei H. Stürtz AG, Würzburg

Inhaltsverzeichnis

Atmungs- und Kreislauforgane

1	**Blut und Blutkreislauf**	6
1.1	Das Herz - eine Saug- und Druckpumpe	6
1.2	Blutgefäße versorgen unseren Körper	8
1.3	Blut erfüllt unterschiedliche Aufgaben	10
	Pinnwand: Blut	11
	Übung: Blut und Blutkreislauf	12
1.4	Herzinfarkt – eine lebensbedrohliche Erkrankung	14
	Streifzug durch die Medizin: Herztransplantation und Organspende	15
1.5	Auf die Blutgruppe kommt es an!	16
	Streifzug durch die Medizin: Blutende Verletzungen	17
1.6	Das Lymphgefäßsystem – ein zweites Gefäßsystem	18
	Streifzug durch die Medizin: Blutdruck	19
2	**Atmung**	20
2.1	Wie wir atmen	20
	Übung: Atmung	22
	Streifzug durch die Medizin: Erkrankungen der Atemwege	24
	Übung: Ausdauertraining	25
2.2	Rauchen – eine Gefahr für die Gesundheit	26
	Übung: Gefahren des Rauchens	27
	Prüfe dein Wissen: Blut und Blutkreislauf	28
	Prüfe dein Wissen: Atmung	29

Erwachsen werden

1	**Willst du mit mir gehen?**	30
1.1	Partnerschaft und Verantwortung	32
2	**Veränderungen in der Pubertät**	34
2.1	Die Entwicklung zur Frau	34
2.2	Aus Jungen werden Männer	36
	Pinnwand: Medizinische und hygienische Fragen	38
2.3	Hormone steuern die Entwicklung	39
	Übung: Hormone treiben es rund	40

Inhaltsverzeichnis

3	**Verhaltensweisen beim Menschen**	42
3.1	Angeborenes Verhalten	42
3.2	Unbewusste Beeinflussung des Verhaltens	44
	Pinnwand: Comics und Werbung	45
	Übung: Körpersprache	46
	Pinnwand: In Gesichtern lesen	47
3.3	Typisch männlich – typisch weiblich?	48
	Pinnwand: Geschlechterrollen im Wandel	50
3.4	Verhaltensbeobachtungen beim Zusammenleben	52
	Übung: Verhaltensbeobachtungen in der Schule	55

4	**Sucht und Drogen**	56
4.1	Sucht hat viele Gesichter	56
	Pinnwand: Süchte?	57
4.2	Alkohol kann süchtig machen	58
	Pinnwand: Rezepte – gesund und ohne Alkohol	59
4.3	Zu dick – zu dünn?	60
	Pinnwand: Essstörungen	61
4.4	Verantwortungsvoller Umgang mit Arzneimitteln	62
	Pinnwand: Umgang mit Medikamenten	63
4.5	Mit Drogen zum Glück?	64
	Pinnwand: Illegale Drogen	65
	Pinnwand: Projekt: Sucht	66
	Pinnwand: Fun ohne Drogen	68
	Prüfe dein Wissen: Erwachsen werden	69

Körpereigene Abwehr

1	**Infektionskrankheiten**	70
1.1	Was ist eine Infektionskrankheit?	70
1.2	Bakterien sind allgegenwärtig	72
1.3	Viren – Winzlinge, die krank machen können	73
	Streifzug durch die Geschichte: Pioniere der Bakterienforschung	74
	Streifzug durch die Geschichte: Die Pest	75
1.4	Aufruhr im Verdauungstrakt	76
1.5	Masern – eine harmlose Kinderkrankheit?	78
1.6	Vorsicht – Malaria!	79
	Streifzug durch die Medizin: Zecken sind gefährlich	80
	Pinnwand: Infektionskrankheiten und Erreger	81
1.7	Stark in der Abwehr – das Immunsystem	82
1.8	Impfen kann Leben retten	84
	Pinnwand: Vorbeugen und Heilen	85
	Streifzug durch die Medizin: Antibiotika	86
	Streifzug durch die Medizin: Naturheilmethoden	87

2	**AIDS – eine besondere Infektionskrankheit**	88
	Streifzug durch die Medizin: Übertragungswege und Schutz vor HIV-Infektionen	90
	Streifzug durch die Sozialkunde: Toby – ein Junge kämpft gegen AIDS	91

3	**Allergien – das Immunsystem spielt verrückt**	92
	Pinnwand: Verschiedene Allergien	93

4	**Sonne geht unter die Haut**	94
	Streifzug durch die Medizin: Krebs	95

5	**Mit Stress kann man leben**	96
	Pinnwand: Mit Sport gut drauf	98
	Prüfe dein Wissen: Körpereigene Abwehr	99

Inhaltsverzeichnis

Ohne Wasser kein Leben

1	**Leben ist an Wasser gebunden**	100
1.1	Wasser – ein wichtiges Lebensmittel	101
1.2	Der Wasserkreislauf in der Natur	102
1.3	Wasser erfüllt die unterschiedlichsten Funktionen	104
	Übung: Wasser in Lebewesen	105
1.4	Der Wald - ein Wasserspeicher	106
	Übung: Wasser und Boden	107
2	**Trinkwasser**	108
2.1	Trinkwassergewinnung	108
	Streifzug durch die Technik: Trinkwasser aus dem Bodensee	109
2.2	Trinkwasser – kostbar und teuer	110
	Streifzug durch den Alltag: Trinkwasser aus dem Wasserhahn	111
2.3	Warum sind Gewässer verschmutzt?	112
2.4	Kläranlage – verschmutzes Wasser wird gereinigt	114
	Übung: Reinigung von Abwasser	116

	Streifzug durch die Technik: Pflanzenkläranlage	117
3	**Gewässergüte**	118
3.1	Lebewesen geben Hinweise auf die Wassergüte	118
	Übung: Biologische Untersuchung der Wassergüte eines Baches	119
3.2	Projekt Teichwasser	120
	Pinnwand: Ausgewählte Zeigerorganismen zur mikroskopischen Wassergütebestimmung ..	121
	Pinnwand: Einzellige Lebewesen im Teich ..	122
	Übung: Chemische Wasseruntersuchung ...	123
3.3	Eine Nahrungskette im Schulteich	124
	Prüfe dein Wissen: Ohne Wasser kein Leben	125
	Stichwortverzeichnis	126

Hier findest du zusätzlich Bilder und Informationen zum jeweiligen Thema. Aufgaben dazu stehen auf eigenen Pinnzetteln.

Hier findest du weitere Informationen zu Themen, die in anderen Bereichen und Fächern von Bedeutung sind.

Hier findest du Versuche, Aufgaben und Bauanleitungen, die du selbstständig oder mit deinen Mitschülerinnen und Mitschülern ausführen kannst.

Hier findest du vielfältige Aufgaben zum Wiederholen und Vertiefen der Inhalte des Kapitels.

1 Mountainbiker

1 Blut und Blutkreislauf

1.1 Das Herz, eine Saug- und Druckpumpe

Wenn du mit dem Fahrrad steil bergauf fährst, kommst du ganz schön ins Schwitzen. Deine Atmung geht hastig und das Herz klopft ganz schnell. Misst du jetzt deinen *Puls,* so kommst du auf weit über 130 Herzschläge pro Minute. Im Ruhezustand dagegen schlägt das Herz bei Jugendlichen etwa 90-mal pro Minute.
Bei Anstrengung benötigen die Muskeln und andere Organe des Körpers mehr Sauerstoff und Nährstoffe, die Energie liefern. Diese Stoffe werden vom Blut transportiert. Dafür muss das Herz mehr Blut durch die Blutgefäße pumpen. Im Ruhezustand pumpt es pro Herzschlag etwa 100 ml Blut. Bei Anstrengung muss das Pumpvolumen erhöht und der Herzschlag beschleunigt werden.

Das menschliche **Herz** ist ein kräftiger Hohlmuskel. Er liegt etwa in der Mitte der Brust und weist mit seiner Spitze nach links. Große Blutgefäße setzen am Herzen an: **Arterien** transportieren das Blut vom Herzen weg, **Venen** führen es dem Herzen zu. Die Versorgung des Herzmuskels geschieht über die außen verlaufenden *Herzkranzgefäße.*
Im Längsschnitt der Abbildung 2 erkennst du den Aufbau des Herzens. Jede Herzhälfte hat einen **Vorhof** und eine **Kammer.** *Herzklappen* sorgen dafür, dass das Blut nur in eine Richtung fließen kann. Zwischen den Vorhöfen und den Kammern befinden sich die **Segelklappen.** Am Ausgang der Kammern liegen die **Taschenklappen.**
Unser Herz besteht aus zwei Herzhälften. Dadurch kann sauerstoffreiches und sauerstoffarmes Blut in unserem Körper getrennt transportiert werden.
Sauerstoffreiches Blut ist hellrot, während sauerstoffarmes Blut dunkler ist. Damit du diese besser unterscheiden kannst, sind in den Abbildungen die Blutgefäße mit sauerstoffreichem Blut rot und die Blutgefäße mit sauerstoffarmem Blut blau gezeichnet.
Sauerstoffreiches Blut wird aus den *Lungenvenen* in die linke Herzhälfte und von dort in die Körperarterie, die *Aorta* gepumpt. Aus den beiden *Körpervenen* gelangt sauerstoffarmes Blut in die rechte Herzhälfte und wird von dort in die *Lungenarterien* gepumpt.

Wie funktioniert die Arbeit des Herzens? Beim Pumpen des Blutes arbeiten die Vorhöfe und die Kammern im Gegentakt. Erschlafft die Muskulatur der Vorhöfe, so zieht sich die der Kammern zusammen. Dadurch bleibt die Größe des Herzens insgesamt unverändert. Jede Pumpbewegung ist in zwei Phasen gegliedert.
Während der Saugphase, auch **Diastole** genannt, erschlafft die Muskulatur beider Kammern, sie weiten sich. Gleichzeitig zieht sich die Vorhofmuskulatur zusammen und drückt das Blut in die Kammern. Die Segelklappen werden geöffnet. Dabei sind die Taschenklappen geschlossen und verhindern, dass Blut aus den Arterien in die Kammern zurückströmt.
Anschließend zieht sich in der Druckphase, der **Systole,** die Muskulatur beider Kammern zusammen. Dabei

Atmungs- und Kreislauforgane

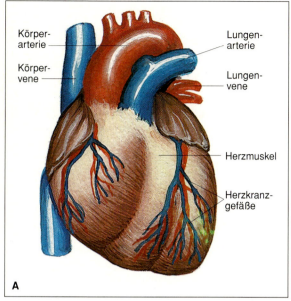
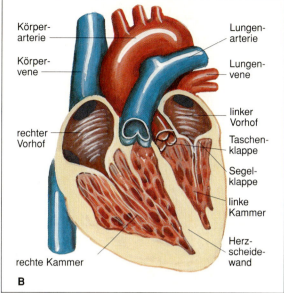

2 **Menschliches Herz. A** Aufsicht; **B** Längsschnitt

schließen sich die Segelklappen und die Taschenklappen öffnen sich. Das Blut wird aus den Kammern in die Arterien gedrückt. Gleichzeitig erschlaffen und vergrößern sich die Vorhöfe. Blut wird aus den Venen angesaugt. Während dieser Phase arbeiten die Kammern als Druck- und die Vorhöfe als Saugpumpe.

> Das Herz besteht aus zwei Hälften. Jede Hälfte ist in einen Vorhof und eine Kammer unterteilt. Das Herz pumpt das Blut durch den Körper. Herzklappen bewirken, dass das Blut nur in eine Richtung strömt.

1 Beschreibe anhand der Abbildung 3 die Arbeitsweise des Herzens.
2 Wie viel Liter Blut befördert dein Herz beim Lesen eines Buches in einer halben Stunde?
3 Wie oft schlägt dein Herz in einem Jahr und welche Blutmenge wird dabei transportiert? Gehe bei der Berechnung vom Ruhezustand des Herzens aus.
4 Übertrage die Begriffe Druck- und Saugpumpe auf die Diastole des Herzens.

3 **Pumpvorgang im Herz des Menschen.**
A Saugphase: Kammermuskel erschlafft, Blut wird von den Vorhöfen in die Kammern gedrückt;
B Druckphase: Kammern ziehen sich zusammen und pumpen Blut in die Arterien; Vorhöfe weiten sich und saugen Blut aus den Venen an

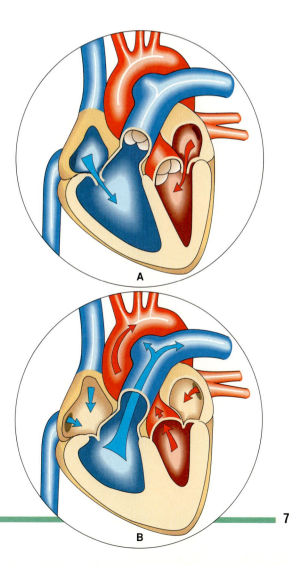

Atmungs- und Kreislauforgane

1.2 Blutgefäße versorgen unseren Körper

Hältst du die Finger der linken Hand an die Innenseite des rechten Handgelenks, kannst du deinen Pulsschlag spüren. Du fühlst ihn aber auch an anderen Stellen deines Körpers wie am Hals oder an den Kniekehlen. Wie ist das zu erklären?

Das **Blut** fließt in Röhren, die *Gefäße* heißen. Die Blutgefäße durchziehen deinen gesamten Körper in einem dichten Netz. Stell dir vor, man würde alle Blutgefäße des Körpers hintereinander legen und messen, dann wäre die Länge der Blutgefäße in deinem Körper länger als der Rhein mit 1320 km. Durch dieses **Blutgefäßsystem** stehen alle Teile des Körpers miteinander in Verbindung. Die Hauptverbindungen sind die **Arterien** und die **Venen.** Die Abzweigungen verästeln sich so fein, dass sie nur noch mit dem Mikroskop zu erkennen sind. Diese haarfeinen Verästelungen nennt man Haargefäße oder **Kapillaren.**

Das Herz pumpt das Blut in die Gefäße. Verfolgen wir den Weg des Blutes in den Blutgefäßen genauer: Von der rechten Herzkammer wird es in den Lungenarterien zur Lunge transportiert. Die Lungenarterien verzweigen sich in der Lunge. In den Lungenkapillaren gibt das Blut Kohlenstoffdioxid ab und nimmt Sauerstoff auf. Dieses sauerstoffreiche Blut fließt zur linken Herzhälfte. Diesen Abschnitt des Blutkreislaufes bezeichnet man als **Lungenkreislauf.** In der linken Herzhälfte beginnt der **Körperkreislauf.** Aus der linken Herzkam-

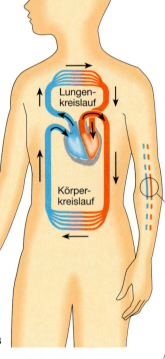

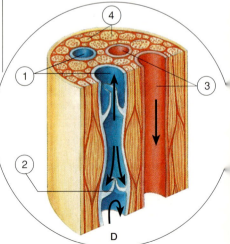

1 Blutkreislauf.
A Blutgefäßsystem des Menschen; B Blutkreislauf (Schema); C Kapillaren.
1 Arterie, 2 Kapillare, 3 Vene; D Transport von Blut in Arterien und Venen. 1 Venen, 2 Venenklappe, 3 Arterien, 4 Muskeln

Atmungs- und Kreislauforgane

mer wird das sauerstoffreiche Blut in die Körperarterien gepumpt. Dabei unterstützen die Wände der Arterien den Transport des Blutes. Die Wände der Arterien können sich zusammenziehen. So drücken sie das Blut weiter bis zu den Kapillaren. Durch das Blut in den Kapillaren werden die Körperzellen mit Sauerstoff und Nährstoffen versorgt. Die Körperzellen geben unter anderem Kohlenstoffdioxid ab. Das mit Kohlenstoffdioxid angereicherte Blut sammelt sich in den Venen. Es wird in die rechte Herzhälfte zurücktransportiert.

Beim Rücktransport des Blutes zum Herzen hilft die Körpermuskulatur mit. Durch ihre Bewegung werden die dünnwandigen Venen eingedrückt und das Blut dadurch weitertransportiert. *Venenklappen* verhindern, dass das Blut in den Venen zurückfließt.
Aus der rechten Herzkammer gelangt das Blut wieder in den Lungenkreislauf. Damit ist der Blutkreislauf im Körper geschlossen. Der Mensch besitzt also einen **doppelten Blutkreislauf**.

Das Blut, das alle Bereiche des Körpers durchströmt, erfüllt vielfache Aufgaben. Diese Aufgaben werden von den einzelnen Bestandteilen des Blutes übernommen. So versorgen die *roten Blutkörperchen* die Körperzellen mit dem notwendigen Sauerstoff. Sie sind auch am Transport von Kohlenstoffdioxid von den Körperzellen zur Lunge beteiligt. Die *Blutflüssigkeit* leitet Nährstoffe und Mineralstoffe zu den Körperzellen und nimmt Abbaustoffe von den Zellen auf. Außerdem sorgt sie dafür, dass die Wärme des Körpers in den Körperteilen gleichmäßig verteilt wird. Gelangen Krankheitserreger in den Körper, werden sie von *weißen Blutkörperchen* bekämpft. Die weißen Blutkörperchen sind Bestandteil des Abwehrsystems des Körpers.

Neben den Blutkörperchen finden sich noch kleine unregelmäßig geformte *Blutplättchen* im Blut. Sie spielen beim Wundverschluss eine Rolle.

> Alle Bereiche des Körpers sind durch das Blutgefäßsystem miteinander verbunden. Das Herz pumpt das Blut in einem doppelten Blutkreislauf durch den Körper.

1 Beschreibe anhand von Abb. 1 B den Weg, den das Blut während des Kreislaufs im Körper durchläuft.
2 Auf welche Weise wird das Blut in den Arterien transportiert? Nimm den Lehrbuchtext zu Hilfe.
3 Erkläre anhand von Abb. 2 den Transport von Blut in den Venen und erläutere die Wirkungsweise der Venenklappen.
4 Nenne einzelne Bestandteile des Blutes und ordne diesen deren Aufgaben zu. Fertige dazu eine Tabelle an. Gib der Tabelle eine Überschrift.
5 Begründe, weshalb ein hoher Blutverlust z. B. bei einem Unfall lebensgefährlich ist, und weshalb eine Blutübertragung lebensrettend sein kann.

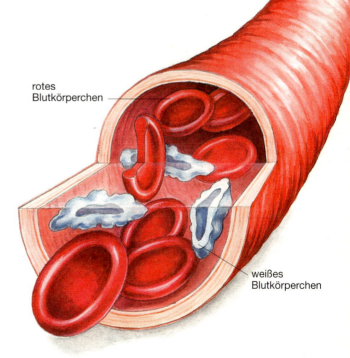

2 Bluttransport in den Venen

3 Blutbestandteile (Schema)

Atmungs- und Kreislauforgane

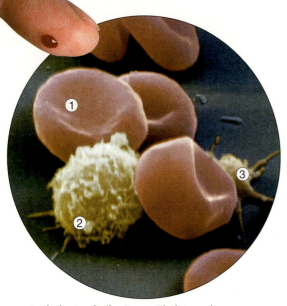

1 Blutbestandteile. ① rote Blutkörperchen, ② weiße Blutkörperchen, ③ Blutplättchen (unter dem Elektronenmikroskop, 7500fache Vergrößerung)

reichen, verändern sie ihre Form und zwängen sich durch die Zellzwischenräume der Gefäßwände.
Für den Transport der Blutzellen sorgt die *Blutflüssigkeit*. Sie transportiert außerdem Nährstoffe, Kohlenstoffdioxid und Abfallstoffe und bringt Botenstoffe, die *Hormone*, an ihre Zielorte. Das Blut verteilt auch die *Körperwärme* gleichmäßig.

> Blut besteht aus Flüssigkeit und aus Blutzellen. Es transportiert die Atemgase, Nährstoffe sowie Abfallstoffe und verteilt Hormone und Körperwärme gleichmäßig. Es ist außerdem an der Abwehr von Krankheitserregern beteiligt.

1 Nenne die Aufgaben des Blutes.
2 Bei Krankheitsverdacht stellt der Arzt oft die Menge der weißen Blutkörperchen fest. Sie steigt bei Infektionskrankheiten bis zum Fünffachen des Normalen an. Erkläre dies mit ihrer Funktion.
3 Erkläre den Vorgang der Blutgerinnung mithilfe der Abb. 2 und des Textes.

1.3 Blut erfüllt unterschiedliche Aufgaben

Marc ist gestürzt. Aus der Schürfwunde quillt langsam Blut hervor und tropft herunter. Bis Marc endlich ein Heftpflaster gefunden hat, hat die Wunde aufgehört zu bluten. Aus dem Blut ist eine weiche, rote Kruste entstanden; es ist geronnen. Die Kruste wird zunehmend fest und verschließt die Wunde, bis der Heilungsprozess abgeschlossen ist. Dann fällt die Kruste ab und von der Wunde ist kaum noch etwas zu sehen. Die Entstehung einer festen Kruste lässt vermuten, dass das Blut feste Bestandteile enthält.
Eine Gruppe dieser Blutzellen, die **Blutplättchen,** lösen die *Blutgerinnung* aus: Sie zerfallen bei Berührung der Wundränder und scheiden einen Wirkstoff aus, das über mehrere Zwischenstufen aus dem gelösten Fibrinogen das fadenartige feste Eiweiß *Fibrin* werden lässt. In seinem Geflecht bleiben andere Blutzellen, die **roten Blutkörperchen,** hängen. Ihre Hauptaufgabe ist der Transport von Sauerstoff zu den Gewebezellen.
Das Fibrin mit den eingelagerten Blutzellen verschließt die Wunde. Außerdem verengen sich die Adern im Finger und verringern so den Blutzufluss.
Durch eine Wunde können Bakterien, Viren oder Gifte in den Körper eindringen. Sie werden von der dritten Gruppe Blutzellen, den **weißen Blutkörperchen,** bekämpft. Diese patrouillieren ständig in den Adern auf der Jagd nach Fremdkörpern. Finden sie Bakterien, bilden sie lange Auswüchse, fangen, umschlingen und verdauen sie. Um Krankheitserreger außerhalb der Blutgefäße zu er-

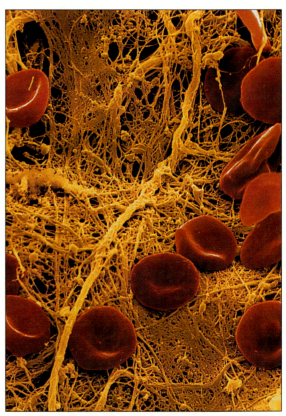

2 Rote Blutkörperchen im Fibrinnetz (elektronenmikroskopische Aufnahme, 4000fache Vergrößerung)

Atmungs- und Kreislauforgane

Pinnwand

BLUT

Zusammensetzung des Blutes

- flüssige Bestandteile (Blutplasma) **55 %**
- feste Bestandteile (Blutzellen) **45 %**

Blutzellen

Rote Blutkörperchen (Erythrozyten)
- *Aussehen:* runde, flache Scheiben, in der Mitte eingedellt
- *Herkunft:* rotes Knochenmark
- *Aufgabe:* Transport von Sauerstoff und Kohlenstoffdioxid; enthalten den eisenhaltigen roten Blutfarbstoff Hämoglobin
- *Größe:* 0,007 mm Ø; 0,002 mm dick
- *Lebensdauer:* ca. 120 Tage
- *Besonderheiten:* bei Säugetieren kein Zellkern

Weiße Blutkörperchen (Leukozyten)
- *Aussehen:* kugelförmig bis unregelmäßig
- *Herkunft:* rotes Knochenmark, Lymphknoten, Milz
- *Aufgabe:* vernichten Krankheitserreger
- *Größe:* 0,08 mm bis 0,2 mm Ø
- *Lebensdauer:* wenige Tage bis Jahre
- *Besonderheiten:* können sich bewegen; stark verformbar

Blutplättchen (Thrombozyten)
- *Aussehen:* unregelmäßig geformt
- *Herkunft:* rotes Knochenmark
- *Aufgabe:* ermöglichen Blutgerinnung
- *Größe:* 0,004 mm Ø
- *Lebensdauer:* 7 Tage
- *Besonderheiten:* Blutplättchen sind „Bruchstücke" von bestimmten Knochenmarkszellen

Blutflüssigkeit

Blutplasma besteht zu etwa 90 % aus Wasser. Daneben findet man Traubenzucker, Fette, Eiweißstoffe, Salze, Hormone und Abfallstoffe, wie z. B. Kohlenstoffdioxid. Blutplasma ohne den Gerinnungsstoff Fibrinogen bezeichnet man als **Blutserum.**

Blut in Zahlen

- Ein Erwachsener hat zwischen 4 und 6 Liter Blut.
- Anzahl der Zellen pro mm^3 Blut:
  Rote Blutkörperchen: 5 Mio.
  Blutplättchen: 300 000
  Weiße Blutkörperchen: 5 000 - 10 000
- Pro Sekunde bildet dein Knochenmark über 2 Mio. rote Blutkörperchen.
- Jedes rote Blutkörperchen transportiert etwa 75 000-mal Sauerstoff zu den Zellen.
- Würde man die 30 Billionen roten Blutkörperchen eines einzigen Menschen nebeneinander legen, ergäbe das eine Kette, die 5-mal um die Erde reichte.

Blut in der Sprache

blutsverwandt, Blutsbruder, Blutsauger, das Blut erstarrt in den Adern, blaues Blut, blutrünstig, heißblütig, ruhig Blut bewahren

1 a) Wofür braucht der Körper eisenhaltige Nahrung?
b) Nenne eine mögliche Ursache für Eisenmangel, vor allem bei Frauen.

2 Erkläre: Der Eiter von Wunden besteht vorwiegend aus abgestorbenen weißen Blutkörperchen.

Atmungs- und Kreislauforgane

Übung — **Blut und Blutkreislauf**

Vielleicht hast du noch nie mit Blut gearbeitet. Wenn du es ausprobierst, wirst du feststellen, dass es viel zu entdecken gibt. Bei allen Versuchen verwenden wir grundsätzlich kein menschliches Blut, sondern Säugetierblut vom Schlachthof oder Fleischer. Es enthält die gleichen Bestandteile wie Menschenblut. Außerdem schließen wir so eine Infektion durch menschliches Blut aus.

Um zu verhindern, dass Frischblut gerinnt, wird es sofort mit einem Rührlöffel durchgeschlagen und damit das Fibrin entfernt. Dem gleichen Zweck dient die Herstellung von Oxalatblut. Dazu werden 5 Teile Blut mit 1 Teil 10%iger Ammoniumoxalatlösung vermischt.

V 1 Blutbestandteile

Material: großes Reagenzglas oder Messzylinder; Oxalatblut

Durchführung: Fülle ein großes Reagenzglas etwa halbvoll mit Oxalatblut. Lass es 1 Tag ruhig stehen.

Aufgabe: Beschreibe das Versuchsergebnis.

V 2 Blutausstrich

Material: 2 Objektträger; Pipette; Oxalatblut; Mikroskop

Durchführung: Gib mit der Pipette einen Tropfen Oxalatblut in die Nähe des linken Randes eines Objektträgers. Ziehe einen zweiten Objektträger in Schrägstellung soweit an den Tropfen heran, dass Kontakt entsteht. Schiebe nun den schräg gehaltenen Objektträger zügig in unveränderter Stellung über den unteren Objektträger. So verteilst du das Blut gleichmäßig über die gesamte Fläche. Wenn das Blut angetrocknet ist, betrachte es bei 100 und 400facher Vergrößerung unter dem Mikroskop.

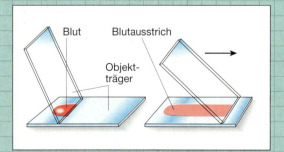

Aufgabe: Notiere, was du bei den unterschiedlichen Vergrößerungen siehst.

V 3 Blutzellen

Material: gefärbtes Dauerpräparat „Blutausstrich"; Mikroskop; weißes Zeichenpapier; Bleistift

Durchführung: Untersuche den Blutausstrich bei verschiedenen Vergrößerungen unter dem Mikroskop. Beginne mit der kleinsten möglichen Vergrößerung und steigere zur größten Vergrößerung.

Aufgaben: a) Suche verschiedene Zellformen und betrachte sie genau.
b) Zeichne unterschiedliche Blutzellen.

A 4 Blut gerinnt

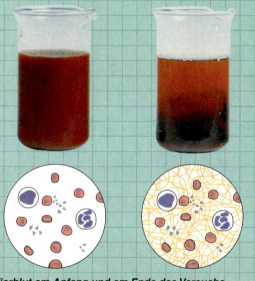

Tierblut am Anfang und am Ende des Versuchs

Beschreibe den Zustand des Blutes zu Beginn des Versuches und nach zwei Stunden. Erläutere die Veränderungen.

Atmungs- und Kreislauforgane

Übung

A 5 Bau des Herzens

Die Abbildung zeigt den Längsschnitt durch ein Rinderherz. Benenne die mit Ziffern gekennzeichneten Teile.

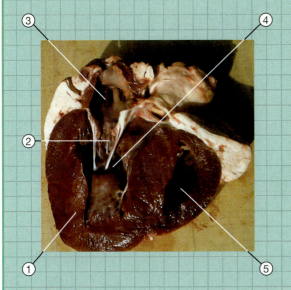

V 6 Blutgefäße

Material: gefärbte Dauerpräparate von Arterie und Vene; Mikroskop
Durchführung: Betrachte abwechselnd Arterie und Vene unter dem Mikroskop.
Aufgabe: Vergleiche den Bau der beiden Blutgefäße miteinander und stelle deine Ergebnisse in einer Tabelle gegenüber.

Merkmale	Arterie	Vene
Wandstärke	...	...
...	...	...
...	...	...
...	...	...

V 7 Pulsmessung

Material: Uhr mit Sekundenangabe; Schreibgerät
Durchführung: Ertaste deinen Puls am Handgelenk oder am Hals wie abgebildet. Notiere alle folgenden Werte.

 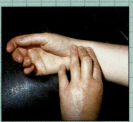

Zähle den Puls 30 Sekunden und multipliziere mit 2. Mache nun schnell hintereinander 20 Kniebeugen. Ermittle sofort erneut den Puls. Sitze danach etwa 1 Minute ruhig und miss noch einmal. Zum Schluss lehne dich auf dem Stuhl an, schließe die Augen und entspanne dich, indem du dir etwa 15-mal lautlos und ganz langsam sagst: „Ich bin ganz ruhig." Stelle dann noch einmal (ohne Hektik) deinen Pulswert fest.
Aufgaben: a) Vergleiche deine Werte.
b) Vergleiche deine Ergebnisse mit denen anderer Mitschüler.
c) Ziehe Schlussfolgerungen aus dem Versuch.

A 8 Blutgruppen

Herr Richter hat bei einem Unfall viel Blut verloren. Er benötigt eine Bluttransfusion. In seiner Brieftasche befindet sich keine Information über seine Blutgruppe. Also wird im Rettungswagen ein Blutschnelltest durchgeführt. Herrn Richter wird etwas Blut abgenommen. Zu einem Blutstropfen wird eine Lösung mit Anti-A, zu einem anderen Blutstropfen eine Lösung mit Anti-B gegeben. Das Blut mit Anti-A verklumpt, das Blut mit Anti-B nicht.
Du kannst zur Lösung der Aufgaben S. 16 zu Hilfe nehmen.
a) Welche Blutgruppe hat Herr Richter?
b) Was muss vor einer Blutübertragung noch bestimmt werden?

Atmungs- und Kreislauforgane

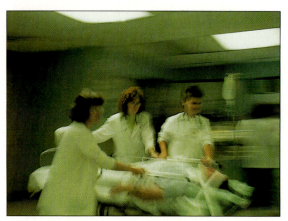

1 Beim Herzinfarkt geht es um Minuten

1.4 Herzinfarkt – eine lebensbedrohliche Erkrankung

Große Aufregung! Gestern Nacht wurde Herr Müller mit dem Notarztwagen in die Klinik gebracht. Er war mit starken Schmerzen in der Brust aufgewacht, hatte das Gefühl, sein Brustkorb werde zusammengepresst und er müsse ersticken. Er litt unter Todesangst. Frau Müller rief sofort den Notarzt. Der gab mehrere Spritzen und ordnete den sofortigen Transport ins Krankenhaus an.

Herr Müller hatte einen **Herzinfarkt.** Ein Herzinfarkt tritt ein, wenn sich ein *Herzkranzgefäß* verschließt. So nennt man die Arterien, die das Herz mit Sauerstoff versorgen.

Wie kommt es zum Verschluss einer Arterie? Auf der Innenseite der Arterien lagern sich im Lauf der Jahre Fett- und Kalkstoffe ab. Dadurch werden sie immer enger, härter und unelastischer. Man bezeichnet dies als **Arteriosklerose.** Irgendwann kann sich die Ader ganz verschließen oder ein kleiner Pfropf aus geronnenem Blut verstopft sie. Wenn dies in einem Herzkranzgefäß geschieht, wird ein Teil des Herzens nicht mehr richtig durchblutet und kann nicht mehr arbeiten. Im Extremfall führt das zum Herzstillstand, auch „Herzschlag" genannt. Grundsätzlich kann jeder Mensch einen Herzinfarkt bekommen. Neben erblichen Anlagen erhöhen aber **Risikofaktoren** die Wahrscheinlichkeit, an *Bluthochdruck* und Herzinfarkt zu erkranken: *Überernährung* bewirkt, dass zu viele Fette ins Blut gelangen. Bei *Bewegungsmangel* werden sie nicht verbraucht. *Stress* setzt natürliche Fettreserven aus den Zellen frei, die sich noch zusätzlich auf den Wänden der Arterien ablagern. *Koffein* beschleunigt den Puls. *Nikotin* bewirkt, dass die Arterien enger gestellt werden. Dadurch steigt der Blutdruck zusätzlich. Aus diesen Gründen ist der Herzinfarkt heute so häufig: Über 700 Infarkte ereignen sich jeden Tag in Deutschland. Zwei Drittel davon verlaufen tödlich.

Herr Müller überlebte, weil er so rasch in der Klinik versorgt wurde. Medikamente lösten den Blutpropf auf und der Herzmuskel wurde wieder durchblutet. Wenn er seine Lebensgewohnheiten ändert, geben ihm die Ärzte gute Chancen, ein weitgehend normales Leben zu führen.

> Von Arteriosklerose betroffene Blutgefäße können sich verschließen. Der Verschluss eines Herzkranzgefäßes führt zum Herzinfarkt. Bei sofortiger Behandlung kann man gerettet werden. Ungesunde Lebensweise beschleunigt den Verschluss von Arterien.

1 Erläutere, warum es lebenswichtig ist, dass Herzinfarktpatienten möglichst schnell ärztlich behandelt werden.
2 Nenne Risikofaktoren und ihre Wirkungen. Welche Faktoren treten häufig gemeinsam auf?
3 Mache Vorschläge, was Herr Müller tun kann, um die Gefahr eines zweiten Infarkts abzuwenden.

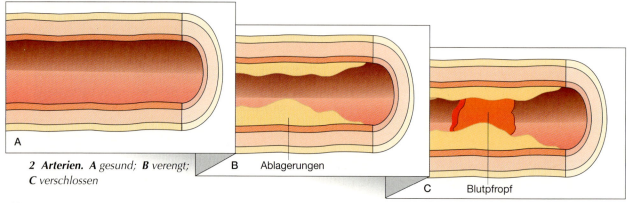

2 Arterien. **A** gesund; **B** verengt; **C** verschlossen

Atmungs- und Kreislauforgane

Herztransplantation und Organspende

Streifzug durch die Medizin

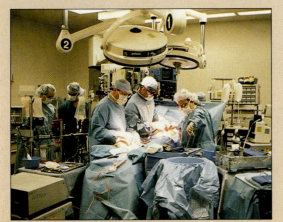

1 Herztransplantation

Lunge und Leber. Bei Trübung der Augenhornhaut kann eine *Hornhauttransplantation* helfen. Viele tausend Patienten warten auf eine Transplantation. Das Problem ist, dass es zu wenige **Organspender** gibt. Viele Menschen scheuen sich, einen Organspendeausweis auszufüllen und nach ihrem Tod ein Organ zur Verfügung zu stellen. Doch sie könnten damit Leben retten und anderen Menschen ein lebenswertes Leben schenken.

Am 3. Dezember 1967 gelang dem jungen südafrikanischen Arzt Christiaan Barnard eine medizinische Sensation: Er pflanzte einem Patienten das Herz einer verunglückten Frau ein. Der 55-jährige Patient überlebte die Operation, allerdings nur 18 Tage. Schon einen Monat später wagte Barnard die zweite **Herztransplantation** und diesmal lebte der Patient noch 19½ Monate. Ein Herz, das er einige Jahre später verpflanzte, schlug noch 23 Jahre im zweiten Brustkorb. Heute gehören Herztransplantationen in einigen Kliniken schon fast zur medizinischen Routine.

Wie kam es zu dieser Entwicklung? Der Grund dafür, dass die Patienten nach den ersten Transplantationen so bald starben, liegt im *Immunsystem*. Es erkennt das neue Organ als Fremdkörper und zerstört es. Dabei reagiert es auf ihm unbekannte Strukturen auf der Oberfläche der fremden Zellen, wie sie auch bei einem Virusbefall der eigenen Zellen auftreten. Erst als man Medikamente fand, die das Immunsystem hemmen, konnte die **Abstoßungsreaktion** unterdrückt werden.
Diese Medikamente haben aber den Nachteil, dass die Patienten anfälliger gegen Infektionskrankheiten werden. Trotzdem überwiegen die Vorteile. 50 000 Menschen bekamen schon ein „neues" Herz, leben oft ganz normal, sind berufstätig und treiben sogar Sport.

Nicht nur Herzen werden übertragen, sondern auch viele andere Organe, vor allem Nieren, aber auch

2 Organspendeausweis

1 Medikamente, die das Immunsystem hemmen, sind nach der Transplantation hilfreich. Sie fördern aber den Ausbruch von Infektionskrankheiten. Erkläre diesen Zusammenhang.
2 Zähle Gründe auf, die für oder gegen eine Organspende sprechen.

Atmungs- und Kreislauforgane

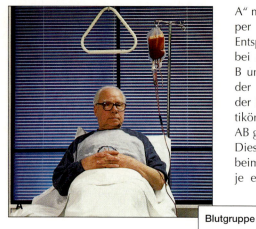

1.5 Auf die Blutgruppe kommt es an!

Bei Verkehrsunfällen verlieren Verletzte oft so viel Blut, dass sie dafür Ersatz brauchen. Auch bei Operationen und zur Behandlung einiger Krankheiten sind **Blutübertragungen,** auch *Bluttransfusionen* genannt, nötig. Organisationen wie das Rote Kreuz rufen deshalb immer wieder zur *Blutspende* auf.

Bevor gespendetes Blut verwendet wird, muss man es gründlich untersuchen. Denn wenn das Spenderblut nicht zum Empfängerblut passt, verklumpt es. Das ist lebensgefährlich, weil der entstehende Blutpfropf Kapillaren verstopfen kann.

Wie kommt es dazu? Man unterscheidet beim Menschen vier **Blutgruppen:** A, B, AB und 0 (Null). Die Oberfläche der roten Blutkörperchen hat bei jeder Blutgruppe ein anderes Muster, das man *Antigen* nennt. Es gibt Blutkörperchen mit Antigen A, solche mit Antigen B, mit beiden oder mit gar keinem – entsprechend den Blutgruppen A, B, AB oder 0.

Im Blutplasma sind spezielle *Antikörper* vorhanden, die auf fremdes Blut reagieren. Sie verkleben die Blutkörperchen miteinander. Dabei reagiert der Antikörper „Anti-A" mit dem Antigen A, der Antikörper „Anti-B" mit dem Antigen B. Entsprechend findet man „Anti-A" bei Menschen mit der Blutgruppe B und „Anti-B" bei Menschen mit der Blutgruppe A. Menschen mit der Blutgruppe 0 haben beide Antikörper, solche mit der Blutgruppe AB gar keine.

Diese Eigenschaft macht man sich beim *Blutgruppentest* zunutze. Zu je einem Blutstropfen tropft man Anti-A und Anti-B. Die Art der Verklumpung zeigt die Blutgruppe an.

Vor einer Blutübertragung muss noch eine weitere Bluteigenschaft getestet werden, der **Rhesusfaktor.** Die meisten Menschen besitzen auf der Oberfläche ihrer roten Blutkörperchen den Rhesusfaktor: Sie sind „Rhesus-positiv" (Rh). Bei rh-negativen Personen fehlt er. Kommt ihr Blut mit Rh-positivem Blut in Kontakt, können Antikörper dagegen entstehen. Bei einem erneuten Kontakt mit Rh-positivem Blut verklumpt das Spenderblut sofort.

Gespendetes Blut wird auch auf Krankheitserreger untersucht. Deshalb ist die Gefahr, durch eine Blutübertragung an AIDS oder Hepatitis zu erkranken, relativ gering.

Blutgruppe	rote Blutkörperchen mit Antigenen	Antikörper im Serum
A Antigene A = ●		Anti-B
B Antigene B = ▲		Anti-A
AB Antigene AB = ●▲		keine
0 keine Antigene		Anti-B Anti-A

B

> Man unterscheidet beim Menschen die vier Blutgruppen A, B, AB und 0. Bei Blutübertragungen müssen die Blutgruppen übereinstimmen, sonst kann das Blut verklumpen.

1 Nur selten wird heute noch „Vollblut" übertragen. Oft wird nur Blutplasma benötigt. Welches Spenderplasma verträgt sich mit welchem Empfängerblut? Fertige eine Tabelle an!

2 Bei einem Test verklumpt Probe 1 mit Lösung „Anti-A" und mit Lösung „Anti-B", Probe 2 mit keiner der beiden. Um welche Blutgruppen handelt es sich?

1 Blutgruppenverträglichkeit.
A Blutübertragung; B Merkmale der Blutgruppen; C Verträglichkeit und Verklumpung; D Blutgruppenbestimmung

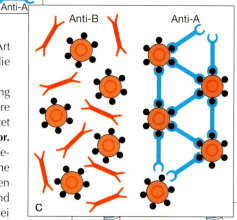

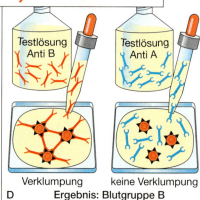

Ergebnis: Blutgruppe B

D

Atmungs- und Kreislauforgane

Blutende Verletzungen

Streifzug durch die Medizin

1 *Bei Stürzen treten oft Schürfwunden auf.* A *Schürfwunde am Ellenbogen;* B *Erste-Hilfe-Leistung*

Bei allen blutenden Wunden muss sicher sein, dass der Verletzte den notwendigen Impfschutz gegen Wundstarrkrampf hat. Dies kann man beispielsweise im Impfpass nachlesen.

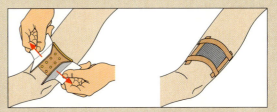

2 *Anlegen eines Pflasterverbandes*

Tommy ist vom Fahrrad gestürzt. Er umfasst jammernd sein schmerzendes Bein. Seine Mutter versucht ihm zu helfen. Dies ist eine Situation, in die man leicht kommen kann. Jetzt ist schnelle und richtige Hilfe notwendig. Die notwendigen Kenntnisse erhält man in einem **Erste-Hilfe-Kurs**.

Was muss ich tun …
… bei einer Schürfwunde?

Bei einem Sturz vom Fahrrad oder beim Fußballspielen wird oft an den Knien oder Ellenbogen die Haut abgerieben. Die Wunde blutet nur ganz wenig, stattdessen ist eine farblose, wässerige Flüssigkeit in der Wunde zu sehen. Bei solchen Schürfwunden ist die Gefahr einer Infektion durch Verschmutzung gering. Es genügt deshalb meist, die Wunde zu reinigen und mit einem sauberen, keimfreien Verband – am besten aus einem noch ungeöffneten Verbandspäckchen aus dem Verbandskasten – abzudecken oder an der Luft trocknen und dann abheilen zu lassen.

… bei einer mäßig blutenden Wunde?

Manche Verletzungen gehen so tief, dass Blutgefäße in der Haut aufgerissen werden. Dann blutet die Wunde. Hier legt man ein keimfreies Mullkissen auf und befestigt es mit Pflaster auf der Haut. Das Pflaster darf nur auf der unverletzten Haut festkleben.

… bei einer stark blutenden Wunde?

Ein Blutverlust von etwa einem Liter bedeutet bei Erwachsenen bereits Lebensgefahr. Eine starke Blutung muss daher unbedingt gestillt werden. Oft genügt das Anlegen eines Druckverbandes. Dabei darf die Wunde auf keinen Fall berührt oder mit irgendeinem Mittel behandelt werden! Zuerst legst du eine keimfreie Wundauflage aus dem Verbandspäckchen auf die Wunde. Notfalls kann man auch ein sauberes Taschentuch nehmen. Dann machst du mit einem zusammengelegten Dreieckstuch – ebenfalls aus dem Verbandskasten – oder einem Handtuch einen ersten Umschlag. Nun wird ein ungeöffnetes Verbandspäckchen als Druckpolster über die Wunde auf den ersten Umschlag gelegt und mit einem zweiten Tuch festgehalten. Dieser zweite Umschlag wird fest, aber nicht zu kräftig verknotet. Achte darauf, dass die verletzte Stelle hochgehalten oder hochgelagert wird. Dann muss so schnell wie möglich mit dem **Notruf 112** Hilfe herbeigerufen werden. Ein erfahrener Ersthelfer kann die Blutung noch besser zum Stillstand bringen. Die notwendigen Kenntnisse, z.B. für das *Abdrücken* oder *Abbinden* und die *Schockbehandlung,* erhält man in einem **Erste-Hilfe-Kurs**.

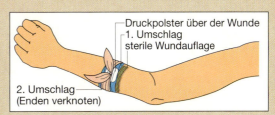

3 *Anlegen eines Druckverbandes*

Atmungs- und Kreislauforgane

1.6 Das Lymphgefäßsystem – ein zweites Gefäßsystem

Wenn das Blut durch die engen Blutkapillaren strömt, wird viel Blutflüssigkeit durch die hauchdünnen Wände nach außen in die Gewebe gedrückt. Diese Flüssigkeit umspült die Zellen. Sie nehmen aus ihr Nährstoffe und Sauerstoff auf und geben Abfallstoffe und Kohlenstoffdioxid an sie ab. Einen Teil dieser Gewebsflüssigkeit nehmen die Venen wieder zurück. Der Rest, die *Lymphe*, wird vom **Lymphgefäßsystem** transportiert. Es beginnt mit einseitig geschlossenen *Lymphkapillaren*, die die Lymphe aufnehmen und an größere *Lymphgefäße* weiterleiten. Diese sind wie Venen mit Klappen ausgestattet. Die Lymphe wird, ähnlich wie bei Venen, durch Bewegungen benachbarter Arterien und Muskeln weiterbefördert. Schließlich gelangt die Lymphe durch den *Lymphbrustgang* in die Schlüsselbeinvene. Das Lymphgefäßsystem ist also im Gegensatz zum Blutgefäßsystem kein Kreislauf.

Die Lymphgefäße weisen zahlreiche Verdickungen auf, die *Lymphknoten*. Sie dienen der Abwehr von Krankheitserregern. Werden Bakterien entdeckt, bilden sich im Knoten viele **Lymphozyten,** spezielle weiße Blutkörperchen.

Lymphknoten fangen wie Filter Bakterien und Fremdkörper auf und schwellen dadurch an. Du kennst solche dicken Lymphknoten unter dem Unterkiefer bei Zahnentzündungen oder als geschwollene Mandeln bei Angina. Sind die Bakterien nicht bald bekämpft, entzündet sich das gestaute Lymphgefäß vor dem Knoten und wird dabei rot. Dieser durch die Haut sichtbare rote Streifen tritt bei „Blutvergiftung" auf. Jetzt ist ärztliche Hilfe dringend nötig.

Die Lymphozyten bleiben nicht nur in den Lymphknoten. Sie werden über Lymph- und Blutgefäße überall dorthin transportiert, wo sie benötigt werden. Sie können auch die Kapillaren verlassen und im Gewebe Krankheitserreger angreifen.

> Das Lymphsystem leitet Flüssigkeit und Stoffe aus den Geweben ins Blut. Es hat wichtige Aufgaben bei der Abwehr von Krankheitserregern.

1 *Lymphsystem des Menschen.*
A Schema. Die Pfeile zeigen die Fließrichtung der Lymphe an;
B Zusammenhang zwischen Blut- und Lymphsystem;
C Lymphozyten verlassen eine Kapillare, um Bakterien zu vernichten.

1 Beschreibe die in der Abb. 1 B dargestellten Vorgänge.
2 Im Rachenbereich, in der Achsel-, Leisten- und Darmgegend sind besonders viele Lymphknoten. Unter welchen Bedingungen schwellen sie an?
3 Nenne Unterschiede zwischen Lymph- und Blutgefäßsystem.

Atmungs- und Kreislauforgane

Blutdruck

Streifzug durch die Medizin

- Manschette aufgeblasen
- Arterie gestaut
- kein Puls hörbar

170 mm Hg

- Manschette langsam entlüftet
- Arterie beginnt sich zu füllen
- Puls wird hörbar

120 mm Hg

- Manschette weiter entlüftet
- Blut fließt wieder ungehindert
- Pulsgeräusch verschwindet

70 mm Hg

1 Blutdruckmessung. A Arztpraxis; **B** Schema

Anja möchte an einem Tauchkurs teilnehmen. Dazu braucht sie eine Tauglichkeitsbescheinigung. Bei der Untersuchung misst die Ärztin auch den **Blutdruck**. Sie legt die Blutdruck-Manschette um Anjas Oberarm und pumpt sie mit dem Blasebalg stark auf. Nun nimmt sie das Stethoskop, steckt die Ohrhörer in die Ohren und hält die Membran in Anjas Ellenbeuge. Mit dem Stethoskop kann man den Pulsschlag hören.
Am Anfang hört die Ärztin noch nichts, weil die Manschette die Arterien so fest zusammendrückt, dass kein Blut fließt. Nun senkt sie durch Öffnen des Ventils an der Manschette den Druck ab. Sobald man Pulsschläge hört, liest man eine Zahl am Druckanzeiger ab. Dies ist der **systolische Wert.** Mit diesem Druck presst das Herz das Blut in die Arterien. Der Blutdruck reicht bei diesem Wert gerade aus, um den Manschettendruck zu überwinden.
Sinkt der Manschettendruck weiter ab, hört das Pulsgeräusch wieder auf. An diesem **diastolischen** Wert fließt das Blut wieder ungestört durch die Ader.

Dieser Wert zeigt den Blutdruck bei entspanntem Herzen an.
Bei modernen Geräten übernimmt ein Mikrofon in der Manschette die Rolle des Stethoskops und die Blutdruckwerte werden digital angezeigt.
Der Blutdruck wird in Millimeter Quecksilbersäule (mm Hg) gemessen. Bei Jugendlichen misst man Mittelwerte von 100–110 mm Hg (systolischer Wert) zu 70–75 mm Hg (diastolischer Wert). Der Blutdruck schwankt im Laufe des Tages etwas: Beim Schlafen fällt er ab, beim Sport steigt er an. Dauerhafter **Bluthochdruck** jedoch kann allen Organen schaden, vor allem Herz, Gehirn und Nieren. Zu **niedriger Blutdruck** bewirkt, dass die Organe nicht ausreichend versorgt werden.
Mit dem Alter steigt der Blutdruck etwas an, weil die Blutgefäße nicht mehr so elastisch sind.

„100 zu 70. Sehr gute Werte!", sagt die Ärztin. Anja ist froh. Der Tauchkurs kann beginnen.

1 Vielen Menschen wird schwindlig, wenn sie rasch aufstehen. Dann bekommt das Gehirn zu wenig Blut. Erkläre, wie das mit dem Blutdruck zusammenhängt.
2 Nikotin bewirkt, dass das Gehirn Adern verengt. Wie wirkt sich das auf den Blutdruck aus?
3 Gefahr bewirkt Pulsbeschleunigung und höheren Blutdruck in Gehirn und Muskeln. Welchen biologischen Sinn hat das? Denke z. B. an die Situation eines Steinzeitmenschen, der von einem Löwen angegriffen wird.

Atmungs- und Kreislauforgane

2 Atmung

2.1 Wie wir atmen

Wir können mehr als zwei Wochen ohne Nahrung auskommen und überleben mehrere Tage ohne Wasser. Ohne **Luft** jedoch leben wir nur wenige Minuten. Luft zum Atmen steht uns normalerweise in ausreichender Menge zur Verfügung. Es gibt aber auch Orte, an denen wir nicht atmen können, zum Beispiel unter Wasser. Schwimmer müssen deshalb auf ihre Atemtechnik achten, um gute Schwimmleistungen zu erbringen. In Höhen von über 5000 Metern nehmen Bergsteiger meist ihre Luft in Stahlflaschen mit, da die Luft dort sehr „dünn" ist. Das Gleiche tun Sporttaucher, damit sie unter Wasser atmen können. Auch Astronauten müssen Atemluft dabei haben, weil auf dem Mond die Lufthülle fehlt.

Dein Körper muss ebenso Tag und Nacht mit Frischluft versorgt werden. Bei großer Anstrengung wie beispielsweise beim 100-Meter-Lauf benötigt er sehr viel mehr Luft als bei einer sitzenden Tätigkeit am Schreibtisch.

Auf welche Weise gelangt die Atemluft in deinen Körper? Beim Einatmen strömt sie durch Nase und Mund. In der Nase bleiben an den Härchen viele Staubteilchen und andere Fremdkörper hängen. Zudem wird die Atemluft in der **Nasenhöhle** angefeuchtet, vorgewärmt und auf Duftstoffe hin überprüft. So sind wir über „schlechte" Luft und Gerüche ständig gut informiert.

Die Nasenhöhle geht in den **Rachenraum** über. Hier überkreuzen sich Luft- und Nahrungsweg. Der Kehldeckel verhindert, dass beim Schlucken Teile der Speise in die **Atemwege** gelangen. Unter dem *Kehldeckel* liegt der **Kehlkopf** mit den *Stimmbändern* und der *Stimmritze*.

Unterhalb des Kehlkopfes schließt sich die etwa 10 bis 15 cm lange **Luftröhre** an, die durch elastische ringförmige Knorpelspangen ausgesteift ist. Am unteren Ende verzweigt sich die Luftröhre in die zwei **Hauptbronchien**, die in die beiden Lungenflügel führen. In ihnen verzweigen sich die Bronchien immer weiter und enden schließlich in den mikroskopisch kleinen **Lungenbläschen**, den Alveolen.

Die **Lunge** besteht aus dem rechten und linken *Lungenflügel*. Die Lungenflügel haben keine Muskeln. Wie werden die Lungenflügel dann bewegt?

1 Der Mensch braucht Atemluft.
A *Schwimmer;* **B** *Bergsteiger*

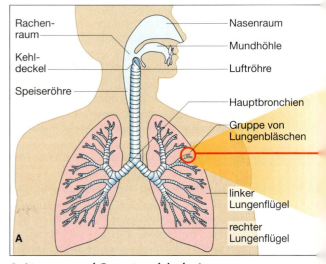

2 Atemwege und Gasaustausch in der Lunge.
A *Weg der Atemluft;* **B** *Lungenbläschen;* **C** *Gasaustausch*

Atmungs- und Kreislauforgane

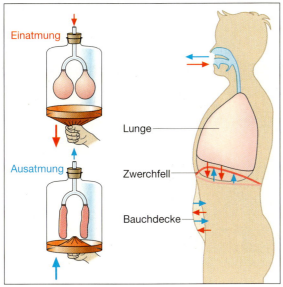

3 Bauchatmung *(Modell)*

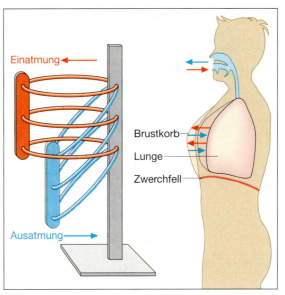

4 Brustatmung *(Modell)*

Die Funktionsweise der Lunge kann mit einem Blasebalg verglichen werden. Zieht sich bei der **Bauchatmung** der leicht nach oben gewölbte *Zwerchfellmuskel* zusammen, vergrößert sich der Brustraum und die Lungenflügel füllen sich mit Atemluft. Bei der **Brustatmung** heben Zwischenrippenmuskeln die *Rippen* und das *Brustbein* an. Auch dadurch erweitert sich der Brustraum, die Lungenflügel werden gedehnt und wir atmen ein. Anschließend ziehen sich die *Bauchmuskeln* zusammen und der erschlaffte Zwerchfellmuskel wird nach oben gedrückt. Auf diese Weise verkleinert sich der Brustraum und wir atmen aus.

Der eigentliche **Gasaustausch** erfolgt in den kugeligen Lungenbläschen, den Alveolen. Viele Millionen dieser Bläschen bilden das *Lungengewebe*. Jedes Lungenbläschen ist von einem dichten Netz von Blutkapillaren umsponnen.

Der **Sauerstoff** aus der eingeatmeten Luft gelangt durch die dünnen Wände der Lungenbläschen ins Blut, das durch die *Kapillaren* fließt.
Gleichzeitig gelangt das im Blut vorhandene **Kohlenstoffdioxid** in umgekehrter Richtung in die Lungenbläschen und wird ausgeatmet.

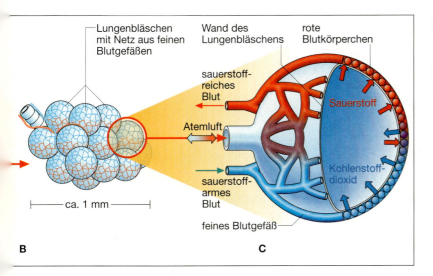

im Lungenbläschen (Schema)

> Die Funktionsweise der Lunge kann mit einem Blasebalg verglichen werden. In den Lungenbläschen (Alveolen) erfolgt der Gasaustausch.

1 Beschreibe den Weg der Atemluft. Nutze dazu Abb. 2.
2 Erkläre, was beim Gasaustausch in der Lunge geschieht.
3 Zähle die Anzahl der Atemzüge pro Minute in Ruhelage (sitzend) und bei leichter Bewegung (gehend). Erkläre.
4 Versuche, nur mit Brustatmung oder mit Bauchatmung zu atmen. Erkläre deine Beobachtungen.

Atmungs- und Kreislauforgane

Übung **Atmung**

V 1 Modell eines Lungenbläschens

Material: Glasrundkolben oder Glühlampe; Knetmasse (rot und blau, z. B. aus dem Spielzeuggeschäft)
Durchführung: Forme aus der Knetmasse einige Stränge von etwa 1 cm Durchmesser. Lege die Stränge entsprechend der Abbildung auf den Glaskolben und drücke sie fest.

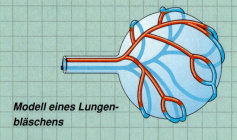

Modell eines Lungenbläschens

Die Menge der ausgeatmeten Luft wird bestimmt

Aufgaben: a) Beschreibe anhand dieses Modells den Gasaustausch im Lungenbläschen.
b) „Ein Modell kann nie die Wirklichkeit genau wiedergeben. Es dient zur Veranschaulichung von manchen Sachverhalten. Andere Sachverhalte werden dagegen durch ein Modell überhaupt nicht oder sogar falsch gezeigt." Erläutere diese Aussage am Lungenbläschenmodell.

Aufgaben: a) Hole tief Luft und atme dann so weit wie möglich durch den Gummischlauch aus. Bestimme mithilfe der Markierungen die Menge der ausgeatmeten Luft.
b) Wiederhole den Versuch; blase aber nur so viel Luft unter das Glasgefäß, wie du z. B. beim Sitzen gewöhnlich ausatmest. Vergleiche mit dem Ergebnis des vorhergehenden Versuchs.
c) Wie viel Luft können deine Lungen fassen, wenn nach dem vollständigen Ausatmen noch 1,5 Liter Restluft in den Lungen verbleiben?

V 2 Wie viel Luft wird ausgeatmet?

Material: Glasgefäß mit etwa fünf Liter Inhalt (z. B. großes Gurkenglas) und passendem Deckel; Kunststoffwanne mit etwa zehn Liter Inhalt; Gummischlauch mit etwa 1 cm Durchmesser; Isolierklebeband; Haushalts-Messbecher
Durchführung: Fülle den Messbecher mit einem Liter Wasser, gieße dieses in das Glasgefäß und markiere den Wasserstand mit einem Streifen Klebeband. Gib einen weiteren Liter Wasser dazu und markiere erneut. Wiederhole diesen Vorgang, bis das Glasgefäß ganz gefüllt ist. Setze dann den Deckel luftblasenfrei auf das Glasgefäß auf.
Fülle jetzt die Kunststoffwanne etwa zur Hälfte mit Wasser, drehe vorsichtig das verschlossene Glasgefäß um und stelle es in die Wanne. Du kannst nun den Deckel öffnen, ohne dass das Wasser ausläuft. Stecke dann das Ende des Gummischlauches unter den Rand des Glasgefäßes und schiebe den Deckel etwas unter.

A 3 Zwerchfellatmung

Modell der Zwerchfellatmung

a) Beschreibe Aufbau, Durchführung und Ergebnis des Modellversuchs.
b) Welchen Organen im menschlichen Brustkorb entsprechen die Bauteile des Modells?
c) Untersuche kritisch, welche Sachverhalte und Vorgänge bei der Atmung das Modell gut, weniger gut oder überhaupt nicht veranschaulichen kann.

Atmungs- und Kreislauforgane

Übung

V 4 Brust- und Bauchatmung

Durchführung: Lege die gespreizten Hände so auf den Brustkorb, dass sich die Fingerspitzen in der Mitte berühren. Atme tief ein und aus und beobachte die Fingerspitzen. Atme danach so ein, dass die Hände **nicht** bewegt werden. Beobachte dabei Bauch und Brustkorb.
Aufgaben: a) Beschreibe, welche Muskelbewegungen das Einatmen bewirken.
b) Begründe, warum sich bei der Bauchatmung der Bauch bewegt.

V 5 Nachweis von Kohlenstoffdioxid (Lehrerversuch)

Hinweis: Kalkwasser ist ein Nachweisreagenz für Kohlenstoffdioxid.
Material: Gaswaschflasche mit „Kalkwasser" (Calciumhydroxid-Lösung), *ätzend*; Gummischlauch

Durchführung: Ausatmungsluft wird vorsichtig durch eine Gaswaschflasche gepustet, die Kalkwasser enthält.
Aufgabe: Beschreibe und erkläre die Veränderungen.

V 6 Untersuchung der Schweinelunge

Material: frische Schweinelunge vom Metzger; Becherglas mit Wasser; Pinzette; Schere; Lupe
Durchführung: Suche Verzweigungen der Atemkanälchen. Schneide anschließend kleine Stückchen aus der Lunge. Lasse ein Stückchen Lunge auf das Wasser fallen.
Aufgaben: a) Beschreibe die Lunge (Farbe, Strukturen) und untersuche sie mit der Lupe.
b) Beschreibe und erkläre das Verhalten des Lungengewebes im Wasser.

V 7 Wovon hängt das Atemvolumen ab?

Material: Spirometer
Durchführung: Atmet eure maximale Atemmenge ins Spirometer. Notiert die Werte.
Aufgaben: a) Trage in eine Tabelle ein: Name, Atemvolumen, Körpergröße, Sportart.
b) Untersuche, ob ein Zusammenhang zwischen Atemvolumen und Körpergröße besteht.
c) Untersuche, ob ein Zusammenhang zwischen Atemvolumen und sportlicher Betätigung besteht.
d) Erkläre, warum das gemessene Atemvolumen nicht das gesamte Lungenvolumen ist.

A 8 Darstellung von Atembewegungen

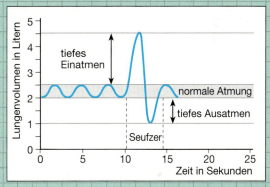

a) Erkläre den Kurvenverlauf. Wie viel Luft atmet man maximal ein und aus?
b) Auch beim tiefsten Ausatmen bleibt noch Luft in der Lunge. Beschreibe, wo sich diese Restluft aufhält.

A 9 Oberflächenvergrößerung

Als *Prinzip der Oberflächenvergrößerung* bezeichnet man die Tatsache, dass dasselbe Volumen eine viel größere Oberfläche besitzt, wenn es in kleine Teilvolumen unterteilt wird.
a) Du sollst 10 Tafeln Schokolade in Geschenkpapier einwickeln. Berechne, wie viel Papier du mindestens brauchst, wenn du die Tafeln einzeln, beziehungsweise alle 10 gemeinsam verpackst. Eine Tafel ist 5 cm breit, 10 cm lang und 1 cm hoch.
b) Beschreibe, wie dieses Prinzip auf den Bau der Lunge anzuwenden ist.

Atmungs- und Kreislauforgane

Streifzug durch die Medizin

Erkrankungen der Atemwege

Schnupfen ist eine typische Krankheit der kalten Jahreszeit. Da die Luft in geheizten Räumen trocken ist, trocknet die Nasenschleimhaut leicht aus. Krankheitserreger haben bessere Chancen, in die Zellen der Schleimhäute einzudringen, wenn diese nicht mehr durch ihre wässrige Schleimschicht geschützt sind. Sind Zellen infiziert, wird die Nasenschleimhaut stark durchblutet. Das hat eine doppelte Wirkung: Zum einen kann sie mehr Flüssigkeit ausscheiden, um Erreger wegzuschwemmen. Zum anderen werden nun viele weiße Blutkörperchen herantransportiert, die Krankheitserreger aufsuchen und vernichten. Bei starker Durchblutung schwillt die Schleimhaut an. Die Nase ist „verstopft" und „läuft".

Schnupfen kann auch durch eine **Allergie** hervorgerufen werden. Viele Menschen haben Allergien z. B. gegen Pollenkörner, Katzenhaare oder Hausstaub. Diese Fremdkörper werden von der Nasenschleimhaut in einer Überreaktion abgewehrt. Oft tränen dabei auch die Augen.

1 Schnupfen

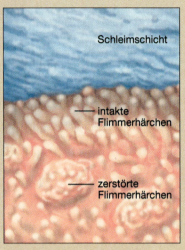

2 Bronchien eines Rauchers
(Schleimschicht über zerstörten Flimmerhärchen)

Unangenehmer als Schnupfen ist **Husten**. Meist husten wir, um kleine Schleimansammlungen zu entfernen, die die Flimmerhärchen alleine nicht nach oben zum Kehlkopf wegtransportieren können. Dieser Schleim ist ein Nährboden für Bakterien. Wird er nicht durch Husten entfernt, kommt es zu **Bronchitis**, einer Entzündung der Bronchien. Ihre Wände schwellen dabei an. Dadurch werden sie eng und wir „bekommen keine Luft". Raucher haben häufig eine **chronische Bronchitis**, weil Nikotin und Kohlenstoffmonooxid die Flimmerhärchen vergiften, sodass sie den Schleim nicht mehr abtransportieren können. Er kann nur noch durch Husten entfernt werden. Man nennt ihn *Raucherhusten*.

Husten tritt auch auf, wenn Fremdkörper aus der Luftröhre entfernt werden müssen. Beim *Verschlucken* sind dies kleine Nahrungsteilchen. Aber auch Staub, Rauch und giftige Gase, z. B. Ozon oder Abgase aus Verkehr und Industrie, reizen die Schleimhäute und können zu Husten und Bronchitis führen. Bei langer Einwirkung können sie **Lungenkrebs** verursachen.

Alle Atemwege sind von Muskelfasern umsponnen. Wenn sie sich zusammenziehen und verkrampfen, sind die Atemkanäle verengt. Dieses **Asthma** kann lebensbedrohlich sein, weil nur noch wenig Luft in die Lungenbläschen kommt. Asthma wird wie Schnupfen häufig durch eine *Allergie* ausgelöst.

1 Erkläre, wie es zur „verstopften" und zur „laufenden" Nase kommt.
2 Nenne Unterschiede zwischen einem krankhaften und einem allergischen Schnupfen. Nutze dazu auch die Informationen auf Seite 92.
3 Beschreibe die Wirkungen des Zigarettenrauchs auf die Atemwege.

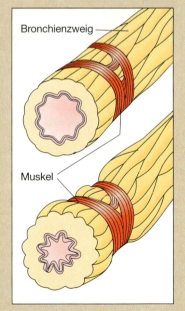

3 Asthma

Atmungs- und Kreislauforgane

Ausdauertraining

Übung

A1 Trainingsprogramm

„Wir bewegen uns zu wenig und dieser Bewegungsmangel kann zu Gesundheitsschäden führen!" Diese Mahnung von Ärzten gilt besonders für Kinder und Jugendliche. Sport oder Bewegungstraining helfen, die Muskulatur und den Kreislauf zu stärken. Durch Ausdauertraining wird der Herzmuskel gekräftigt und es kann mehr Blut gepumpt werden. Außerdem kann eine trainierte Lunge mehr Sauerstoff aufnehmen. Zur Stärkung deines Herzens und deiner Atmung eignen sich die rechts stehenden Übungen. Diese Übungen kannst du allein oder in einer Gruppe durchführen.

a) Bevor du mit dem Trainingsprogramm beginnst, muss dein Körper „aufgewärmt" werden. Mach jede Aufwärmübung etwa 1 Minute lang.
Aufwärmübung 1: Gehen auf der Stelle und die Arme bewegen;
Aufwärmübung 2: Beine auseinander stellen und den Oberkörper kreisen;
Aufwärmübung 3: Laufen auf der Stelle und Arme bewegen.

b) Mache die Ausdauerübungen täglich 10 Minuten lang, also in einer Woche insgesamt mindestens 70 Minuten Ausdauertraining.

c) Führe über dein Ausdauertraining ein Protokoll. So kannst du deinen Trainingserfolg ablesen.

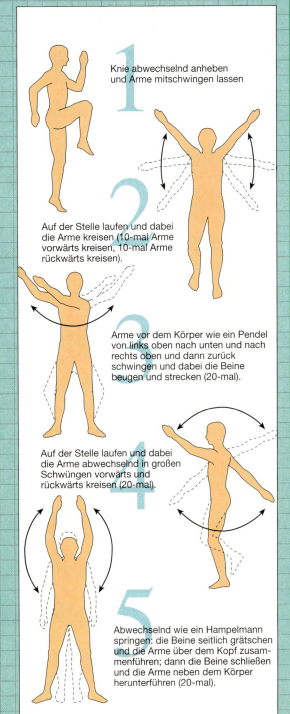

1. Knie abwechselnd anheben und Arme mitschwingen lassen

2. Auf der Stelle laufen und dabei die Arme kreisen (10-mal Arme vorwärts kreisen, 10-mal Arme rückwärts kreisen).

3. Arme vor dem Körper wie ein Pendel von links oben nach unten und nach rechts oben und dann zurück schwingen und dabei die Beine beugen und strecken (20-mal).

4. Auf der Stelle laufen und dabei die Arme abwechselnd in großen Schwüngen vorwärts und rückwärts kreisen (20-mal).

5. Abwechselnd wie ein Hampelmann springen: die Beine seitlich grätschen und die Arme über dem Kopf zusammenführen; dann die Beine schließen und die Arme neben dem Körper herunterführen (20-mal).

Woche	Datum	Puls vor Training (Puls/Minute)	Puls nach 5 Minuten Training (Puls/Minute)	Puls nach Trainingsende (Puls/Minute)
1. Mo				
Di				
Mi				
Do				
Fr				
Sa				
So				
2. Mo				

1 Protokoll des Ausdauertrainings

Atmungs- und Kreislauforgane

1 Zigarettenwerbung
2 Auf einer Party wird oft geraucht
3 Gesundheitsschäden durch das Rauchen. A Banderole mit Angaben zum Giftgehalt; B Warnung vor Gesundheitsschäden; C mögliche Schäden durch Rauchen

2.2 Rauchen – eine Gefahr für die Gesundheit

Die obige Werbeanzeige zeigt ein Mädchen, das lässig eine brennende Zigarette hält. Freude, Jugend und Schönheit, Freiheit und Abenteuer sind Ziele, die mit dem Rauchen verknüpft werden. *Zigarettenwerbung* ist mit dafür verantwortlich, dass jeder dritte Jugendliche im Alter zwischen 13 und 16 Jahren raucht. Andere rauchen, weil es „in" ist. Manche meinen, dass Rauchen sie entspannt, munter macht und das Hungergefühl dämpft.

Was ist so gefährlich am Rauchen, dass auf jeder Zigarettenpackung die wichtigsten **Giftstoffe** und ihre Menge im Tabak aufgeführt sind?

Das Nervengift **Nikotin,** auf der Banderole mit N abgekürzt, ist eine von über 10 000 schädlichen Substanzen des Tabakrauchs. Eingeatmet bewirkt es, dass sich die Blutgefäße verengen. Die Durchblutung der Organe wird gestört. Außerdem ist Nikotin der Stoff im Tabak, der abhängig macht.

Um die Organe trotz der verengten Blutgefäße mit ausreichend Blut zu versorgen, muss das Herz schneller und kräftiger schlagen. Diese Überlastung kann zu schwerwiegenden *Herzerkrankungen* führen. Ein weiteres Gift im Zigarettenrauch ist das **Kohlenstoffmonooxid.** Es behindert den lebenswichtigen Sauerstofftransport der Roten Blutkörperchen und verstärkt so die Durchblutungsstörungen. Bei manchen Rauchern macht sich dies durch leichten Schwindel oder Übelkeit bemerkbar.

Der Buchstabe K auf der Banderole steht für **Kondensat.** Hiermit sind die **Teerstoffe** im Zigarettenrauch gemeint. Beim Einatmen lagern sich diese in den Atemwegen ab. Sie behindern nicht nur die Selbstreinigung der Atemwege durch die Flimmerhärchen, sondern können auch *Krebs* verursachen.

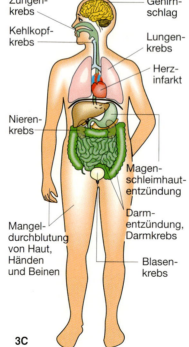

> Tabakrauch enthält gefährliche Gifte, die zu ernsthaften Krankheiten führen können.

1 Nenne Gründe, weshalb Menschen rauchen.
2 Begründe, weshalb Rauchen gesundheitsschädlich ist.

Atmungs- und Kreislauforgane

Gefahren des Rauchens

Übung

V 1 Ist im Zigarettenrauch wirklich Teer?

Material: Petrischale; Zigaretten; Streichhölzer; dünne Glasrohrstücke (Länge 5–8 cm); 2 durchbohrte Gummi- oder Kunststoffstopfen; Schlauchstücke; Glasrohr (Länge ca. 20 cm; Weite ca. 1–2 cm); Glycerin; Gummi-Saugpumpe; Watte; Schere

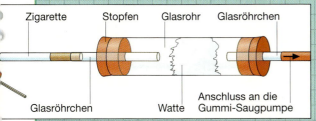

Durchführung: Baue gemäß der obigen Abbildung die Versuchsapparatur zusammen. Gib vor dem Zusammenbauen auf die Glasrohrenden einige Tropfen Glycerin, damit die Gummistücke auf dem Glas besser verschiebbar sind. Bringe die Apparatur nun unter den Gasabzug und schalte die Abzugsanlage ein. Stecke eine brennende Filterzigarette auf das Glasrohr und sauge mit der Handpumpe langsam Rauch durch die Versuchsapparatur.

Aufgaben: a) Notiere deine Beobachtungen.
b) Baue die Versuchsapparatur auseinander und rieche an der Watte aus der Apparatur. Erkläre.
c) Wiederhole den Versuch mit Zigaretten anderer Herstellermarken (mit und ohne Filter).

A 2 Forscher schlagen Alarm: Nikotinspuren im Kinderblut

Forscher in New York untersuchten das Blut von gesunden Kindern, deren Mütter oder Väter ca. 10 Zigaretten täglich in Anwesenheit ihrer Kinder rauchen. Man fand im Kinderblut hohe Konzentrationen von Stoffwechselprodukten des Nikotins und des Teerkondensats. Diese Stoffe gelten als Krebserreger und fördern die Entstehung von Asthma. Seit langem ist bekannt, dass Neugeborene von Raucherinnen ein geringeres Geburtsgewicht haben und später unter Entwicklungsstörungen leiden.

Wie sollten sich Raucher und Raucherinnen deiner Meinung nach verhalten, damit sich Kinder gesund entwickeln können?

A 3 Zigarettenwerbung

Ich gehe meilenweit für…

Frohen Herzens genießen!

Der Geschmack von Freiheit und Abenteuer!

NATURREIN – VOLLER WÜRZE!

Schlank – rassig – zart!

Ich rauche gern!

a) Was soll der Leser mit den abgebildeten Werbeaussagen verbinden?
b) In der Zigarettenwerbung werden oft junge, gesunde Menschen bei sportlicher Betätigung abgebildet. Zeige Widersprüche zwischen den Werbeaussagen und den tatsächlichen Folgen des Rauchens auf.

A 4 Argumente gegen das Rauchen

Schüler haben eine Antiraucherkollage angefertigt. Vervollständige die Aussage „Ich rauche nicht, weil…" mit möglichst vielen Argumenten. Fertigt selbst eine Collage an.

Atmungs- und Kreislauforgane

Prüfe dein Wissen — Blut und Blutkreislauf

A1 Ordne den Ziffern Begriffe zu.

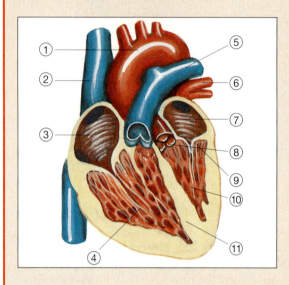

A2 Wie viel Liter Blut pumpt das Herz ungefähr in einer Stunde?
a) 6 l;   b) 80 l;   c) 300 l;   d) 2000 l

A3 Ordne die Begriffe den Abbildungen zu: rote Blutkörperchen, Blutplättchen, weiße Blutkörperchen.

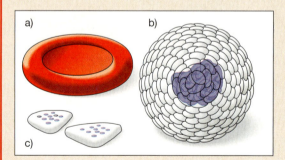

A4 Welche Aufgaben erfüllt das Blut?
a) Wundverschluss;
b) Transport von Atemgasen;
c) Abwehr von Krankheitserregern;
d) Transport von Nähr- und Abfallstoffen;
e) Schutz vor Sonneneinstrahlung;
f) Transport von Organen

A5 Entscheide: Man spricht von einem doppelten Blutkreislauf, weil das Blut
a) in doppelten Bahnen durch den Körper fließt;
b) durch Leber- und Blutkreislauf fließt;
c) durch Lungen- und Körperkreislauf fließt.

A6 Bei folgendem Satz haben sich Fehler eingeschlichen. Kannst du sie finden?
Von Arteriosklerose betroffene Blutgefäße können sich erweitern. Der Verschluss der Herzkranzgefäße führt zur Leistungssteigerung des Körpers.

A7 Ergänze die Tabelle.

Blutgruppe	0	A	B	AB
Antikörper im Serum				
Antigene auf Blutzellen				

A8 Stelle aus dem „Wortsalat" einen richtigen Satz her:
Lymphsystem; Blut; Flüssigkeit; Stoffe; und; Geweben; aus; den; ins; das; leitet.

A9 Beschreibe mithilfe der Abbildung den Bluttransport in den Venen.

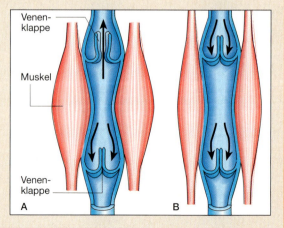

Atmungs- und Kreislauforgane

Atmung

Prüfe dein Wissen

A1 Finde zu den Ziffern die entsprechende Beschriftung.

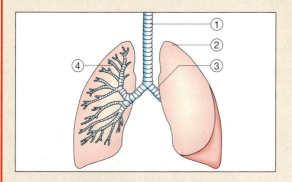

A2 Richtig oder falsch?
a) Die Lungenflügel besitzen Muskeln.
b) Beim Einatmen gelangt der Sauerstoff über die Lungenbläschen ins Blut.
c) Beim Ausatmen gelangt der Sauerstoff über die Lungenbläschen ins Blut.
d) Der Gasaustausch von Sauerstoff und Kohlenstoffdioxid erfolgt im Herzen.
e) Der Gasaustausch von Sauerstoff und Kohlenstoffdioxid erfolgt in der Lunge.

A3 Welche Arten der Atmung werden in den Abbildungen als Modell dargestellt. Beschreibe sie kurz.

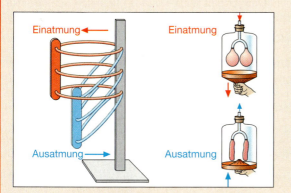

A4 Welche Aussagen sind zutreffend?
Rauchen gefährdet die Gesundheit, weil
a) die Zigarettenwerbung es verheimlicht;
b) das Hungergefühl gedämpft wird;
c) die Durchblutung der Organe gestört ist;
d) es sehr teuer ist;
e) Tabakrauch Giftstoffe enthält.

A5 a) Beschrifte das Schema eines Lungenbläschens. Ordne dazu den Ziffern die richtigen Begriffe zu.

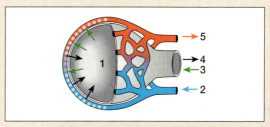

b) Beschreibe den Vorgang des Gasaustausches. Benutze folgende Begriffe:
Lungengewebe; einatmen; ausatmen; Sauerstoff; Kohlenstoffdioxid; Lungenbläschen; Blutkapillare.

A6 Formuliere einen vollständigen Satz aus folgenden Begriffen:
Kalkwasser; Nachweis; der; von; erfolgt; durch; Atemluft; Trübung; in; der; Kohlenstoffdioxid.

A7 Benenne Schäden, die durch das Rauchen verursacht werden.

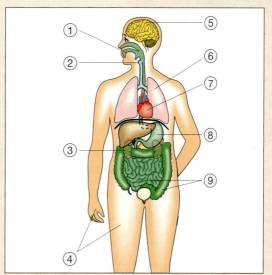

Erwachsen werden

1 Graffiti

2 Träumen und Schwärmen

3 Stundenlanges Telefonieren

1 Willst du mit mir gehen?

Alex weiß nicht, was mit ihm los ist. Seit Miriam vor einigen Wochen in seine Straße gezogen ist, kann er nur noch an sie denken. Wenn er sie sieht, werden seine Knie ganz weich und in seinem Bauch fühlt er ein ganz komisches Kribbeln. Bis vor kurzem noch hatte er alle Mädchen ziemlich albern gefunden. Er und seine Freunde übertrafen sich gegenseitig mit dummen Sprüchen, wenn die Mädchen in seiner Klasse mal wieder eine Party veranstalten wollten.
Aber jetzt ist alles ganz anders. Stundenlang kann er davon träumen, wie es wäre, mit Miriam zu tanzen und dabei ihren Körper zu spüren. Selbst im Unterricht kann er sich nur noch schwer konzentrieren. Er sieht Miriam zwischen den Mathematikaufgaben und beim Vokabellernen. Sie ist einfach überall.

Klar, Alex ist verliebt. Der Begriff „Liebe" steht für ein zärtliches schönes Gefühl, das man für einen anderen Menschen empfindet. Kinder lieben ihre Eltern, ihre Geschwister oder Großeltern. Manchmal kann man dieses Gefühl aber auch für ein Haustier oder ein besonderes Spielzeug empfinden.
Was in der **Pubertät** neu hinzukommt ist, dass Liebe jetzt etwas mit **Sexualität** zu tun hat. Wer verliebt ist, möchte den anderen anfassen und streicheln und ihm so zu verstehen geben, dass man für ihn da ist. Man möchte mit dem anderen Zärtlichkeiten austauschen, ihn küssen und vielleicht sogar mit ihm schlafen. Zu Beginn der Pubertät kann man solche Gefühle auch für jemand empfinden, den man nur aus der Ferne kennt. Das kann

Erwachsen werden

Wenn Beziehungen zerbrechen, ist das häufig sehr schmerzhaft, zumindest für einen von beiden. Es ist dann gut, wenn man Freunde und Freundinnen oder auch Eltern hat, mit denen man über alles reden kann. Nach einiger Zeit wird auch der größte Schmerz kleiner und man verliebt sich wieder neu.

> In der Pubertät entwickeln sich intensive Gefühle für das andere Geschlecht. Beziehungen sollten geprägt sein durch das gegenseitige Respektieren von Erwartungen.

1 Welche Möglichkeiten kennst du, mit einem Mädchen oder einem Jungen Kontakt aufzunehmen?
2 Was gehört für dich zu einer guten Beziehung? Erkläre.
3 Nenne Eigenschaften, die für dich im Hinblick auf einen Freund oder eine Freundin besonders wichtig sind.

ein Popstar oder ein Sport-Ass oder auch jemand aus der Nachbarschaft sein. Es macht dann Spaß, mit der besten Freundin oder einem Freund stundenlang über den umschwärmten Menschen zu sprechen und gemeinsam zu träumen.

Wenn man älter wird, möchte man echte Beziehungen eingehen. Manchmal trifft man ein Mädchen oder einen Jungen und ist total begeistert. Man möchte sie oder ihn gern näher kennen lernen, doch das ist gar nicht so leicht. Man kann ja nicht einfach hingehen und sagen, was man fühlt. Was wäre, wenn nun der andere darüber lachen würde? Mädchen erwarten auch heute noch häufig, dass Jungen den ersten Schritt tun. Doch gerade dieser erste Schritt ist besonders schwierig. Wer sich in einer solchen Situation befindet, egal ob Junge oder Mädchen, muss wissen, dass Ablehnungen sehr weh tun können. Sie sollten deshalb nie gemein sein oder den anderen vor den Freunden oder Freundinnen bloßstellen.

4 Schwierige Kontaktaufnahme

Wenn nun ein Junge und ein Mädchen „miteinander gehen"; was heißt das eigentlich? Erwartungen an eine Beziehung können so verschieden sein wie die Gründe, warum zwei Menschen zusammen sind. Wichtig ist, viel miteinander zu reden, um die Erwartungen und Einstellungen des anderen kennen zu lernen.
Beide sollten deutlich sagen, was sie möchten oder nicht möchten und die Vorstellungen des anderen dann auch respektieren. Wer etwas tut, nur um die Erwartungen des anderen zu erfüllen, wird leicht selbst unzufrieden und das kann sehr schnell zu Enttäuschungen und zum Ende einer Beziehung führen.

Erwachsen werden

1.1 Partnerschaft und Verantwortung

Julia und Tim kennen sich schon seit der fünften Klasse, die sie gemeinsam besuchten.
Lange interessierte sich Julia nicht für die „Jungs" in ihrer Klasse, sie fand sie viel zu albern und kindisch. Tim und seine Mitschüler hatten große Freude daran, ihre Mitschülerinnen zu ärgern. Es amüsierte die „Jungs", wie „zickig" die „Mädchen" reagierten.

Angefangen hat alles in der achten Klasse. Julia und Tim nahmen gemeinsam an der Umwelt-AG der Schule teil. Durch Zufall wurden sie zur Bearbeitung des gleichen Themas eingeteilt. Sie trafen sich sowohl bei Julia als auch bei Tim zu Hause um ihr Projekt auszuarbeiten.
So lernten sie sich von einer anderen Seite kennen und entdeckten, dass sie die gleichen Hobbies hatten. Zuerst waren sie häufig mit ihrer Clique unterwegs. Doch dann wurde bei beiden der Wunsch stärker, mehr Zeit zu zweit zu verbringen. Es hatte „gefunkt". Julia und Tim *verliebten* sich. Das erste Jahr verflog wie im Rausch. Beide waren meist „gut drauf", das Leben machte einfach Spaß. Im Lauf der Zeit wurde ihnen bewusst, wie viel sie einander bedeuteten. Sie *vertrauten* sich gegenseitig auch in schwierigen Situationen und konnten sich das Leben ohne den anderen nicht mehr vorstellen. Sie beschlossen zusammenzuziehen und *heirateten* mit dem Einverständnis ihrer Familien nach Beendigung ihrer Berufsausbildung. Jetzt überlegen Tim und Julia, wie ihre weitere Lebensplanung aussehen soll.

Am Beispiel von Julia und Tim kann man erkennen wie sich aus anfänglicher Verliebtheit Liebe entwickelte. Zuerst wollten beide möglichst oft alleine miteinander sein. Bei gemeinsamen Unternehmungen und beim Austausch von Zärtlichkeiten hatten sie das Gefühl, über den Wolken zu schweben. Nach und nach wurde

1 Paarbeziehung.
A *Zärtlichkeit;*
B *gemeinsame Unternehmungen;*
C *Freunde und Freundinnen;*
D *Familie;*
E *Auseinandersetzung;*
F *Sehnsucht und Versöhnung;*
G *Trennung*

Erwachsen werden

dieses rauschhafte Gefühl seltener. Dafür entwickelte sich ein intensives Gefühl der **Liebe** und Zusammengehörigkeit, das auf gegenseitiger Achtung und Vertrauen beruhte.

Vertrauen und **Achtung** sind Grundlagen für eine gute Beziehung. Wenn zwei Menschen mit eigenen Vorstellungen und ganz bestimmten Verhaltensweisen dauerhaft zusammenleben wollen, kommt es hin und wieder zu Konflikten und manchmal auch zu einem ernsthaften Streit. Man erkennt dann, dass der Partner nicht dem Idealbild entspricht, das man sich von ihm gemacht hat. Doch gerade dann ist es wichtig, sich gegenseitig als Menschen mit Fehlern und Schwächen zu akzeptieren.
Wenn Konflikte entstehen, hilft es, miteinander zu reden, um sich über die eigenen Vorstellungen und die des Partners klar zu werden. Meist lassen sich dann Kompromisse finden, die von beiden getragen werden können. Beim Streiten sollten beide Partner darauf achten, die Gefühle des anderen nicht mutwillig zu verletzen, weder durch Worte noch durch körperliche Übergriffe. Auf dieser Basis wird nicht jeder ernsthafte Streit gleich der Anlass für eine Trennung sein. Sollte es trotzdem zu einer Trennung oder Scheidung kommen, müssen auch dann alle Beteiligten darauf achten, sich gegenseitig nicht zu verletzen.

Für eine gute Beziehung ist es natürlich besonders wichtig, wie die beiden Partner miteinander umgehen. Aber auch außenstehende Menschen wie Familienmitglieder, Freunde oder Arbeitskollegen beeinflussen eine Partnerschaft. Es ist sehr schön, wenn der jeweils andere Partner dort freundlich aufgenommen wird.
Dies ist gerade in Familien nicht immer einfach, besonders wenn die Familien verschiedenen Kulturkreisen angehören. Das ist zum Beispiel der Fall, wenn eine junge Muslimin einen deutschen Mann heiraten möchte.

Die freundliche Aufnahme ist auch dann besonders schwierig, wenn gleichgeschlechtliche Partner zusammenleben. Immer häufiger erkennen Männer, dass sie lieber mit einem Mann, und Frauen, dass sie lieber mit einer Frau leben wollen. Man spricht dann von *homosexuellen Beziehungen*.
Gerade in solchen Fällen ist es bedeutsam, dass sich die Familien und die Freunde offen und tolerant zeigen.

Wenn sich ein Paar entschließt, gemeinsam zu leben, müssen viele Gesichtspunkte bedacht werden. Es sollte zum Beispiel geklärt werden, ob das Paar Kinder haben möchte und wie sie anschließend betreut werden sollen. Dann sollten die beruflichen Pläne der Partner aufeinander abgestimmt werden. Auch in diesem Bereich kann es zu schwierigen Situationen, beispielsweise durch Arbeitslosigkeit, kommen. Alle diese Entscheidungen müssen verantwortlich und gleichberechtigt getroffen werden, wenn eine Beziehung Bestand haben soll.

> Vertrauen und gegenseitige Achtung sind die Grundlagen einer stabilen Beziehung. Alle Entscheidungen müssen verantwortlich und gleichberechtigt getroffen werden.

1 Betrachte die Bilder 1A–G. Beschreibe die einzelnen Situationen. Wie könnten sich die betroffenen Personen fühlen?
2 Nenne Beispiele für Entscheidungen, die ein Paar gemeinsam treffen muss.
3 Was hältst du von den Aussagen:
Wenn sich zwei lieben, verstehen sie sich wortlos!
Beziehungen brauchen Zeit um zu wachsen.
Wenn zwei miteinander schlafen, ist das der Beweis dafür, dass sie sich lieben.

Erwachsen werden

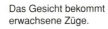

Das Körperwachstum beschleunigt sich. Arme und Beine werden länger.

Die Haut verändert sich. Pickel können entstehen. Die Haare müssen öfter gewaschen werden.

Hüften und Oberschenkel werden runder. Das Becken wird breiter.

Eierstöcke und Gebärmutter nehmen ihre Funktion auf. Die erste Menstruation setzt ein.

Das Gesicht bekommt erwachsene Züge.

Achselhaare beginnen zu wachsen.

Die Brüste wachsen. Die Brustwarzen werden größer.

Schweißdrüsen werden aktiver.

Die Schamhaare wachsen. Sie werden dichter und lockiger.

1 Mädchen in der Pubertät

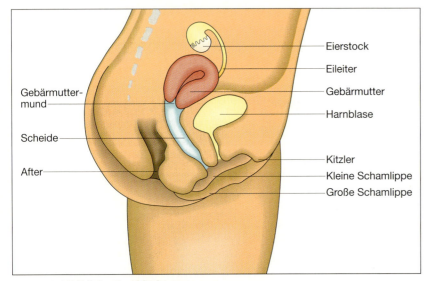
2 Weibliche Geschlechtsorgane

2 Veränderungen in der Pubertät

2.1 Die Entwicklung zur Frau

Während der Pubertät verändert sich der Körper von Mädchen sehr stark. Mädchen bemerken dies zuerst an ihrer Figur. Etwa ab dem 11. Lebensjahr entwickeln sich die *sekundären Geschlechtsmerkmale.* Die Brüste wachsen, das Becken wird breiter und in den Achselhöhlen und im Schambereich zeigen sich die ersten Haare. Aber auch im Körper verändert sich einiges. Die *weiblichen Geschlechtsorgane,* die bereits seit der Geburt vorhanden sind, wachsen und nehmen ihre Funktion auf. In den Eierstöcken reift die erste Eizelle heran. Mädchen bemerken dies an der ersten Menstruation oder Regelblutung, die irgendwann zwischen dem 9. und dem 16. Lebensjahr einsetzt.

Alle diese Veränderungen werden durch *Hormone* ausgelöst, die in verschiedenen *Hormondrüsen* gebildet werden. Im menschlichen Körper gibt es sehr viele verschiedene dieser Botenstoffe, die alle ganz unterschiedliche Aufgaben haben. Ihre Bildung wird über das Gehirn gesteuert. Wenn nun der Körper am Ende der Kindheit ein bestimmtes Wachstumsstadium erreicht hat, erfolgt vom Gehirn der Befehl, verstärkt *Geschlechtshormone* zu bilden. Wann dieser Zeitpunkt erreicht ist, ist jedoch von Mensch zu Mensch verschieden. Zwei gleichaltrige Mädchen können sich deshalb auf ganz verschiedenen Entwicklungsstufen befinden.

In der Pubertät entwickelt sich aber nicht nur der Körper. Auch die Art zu fühlen und die Umgebung zu sehen verändert sich im Vergleich zur Kindheit grundlegend.

Erwachsen werden

Wenn sich Mädchen im Spiegel betrachten, so sind sie häufig sehr unzufrieden. Nichts ist so, wie man es gerne hätte. Der Körper ist vollkommen verändert und man macht sich Gedanken, was für eine Frau man später vielleicht einmal sein wird.

Viele Mädchen haben in diesem Alter große Probleme mit ihren Eltern. Diese haben häufig ganz andere Vorstellungen hinsichtlich des Freundeskreises, des Aussehens oder der Kleidung. Manche Mädchen haben vielleicht auch das Gefühl, Jungen gegenüber benachteiligt zu sein. Jungen haben oft viel mehr Freiheiten. Dies kommt daher, dass Mädchen von ihren Eltern immer noch stärker behütet werden als Jungen.

Aber egal wie viele Freiheiten man als Mädchen hat, es ist für alle Mädchen wichtig, besonders gut auf sich selbst zu achten. Gerade im Bereich der Sexualität sollte man zu allem nein sagen, was man nicht selbst tun möchte. Wenn man sich durch Bemerkungen, Blicke, Berührungen und Angebote belästigt fühlt, hat man das Recht, sie energisch und deutlich abzuwehren. Auch nahe stehende Menschen haben kein Recht, ein Mädchen auf diese Weise zu beleidigen oder zu missbrauchen.

> In der Pubertät finden neben der Ausprägung von Geschlechtsmerkmalen auch seelische Veränderungen statt. Die Veränderungen werden durch Hormone ausgelöst. Im Bereich der Sexualität ist es für Mädchen besonders wichtig, auf die eigenen Bedürfnisse und Gefühle zu achten und Belästigungen deutlich abzuwehren.

1 Nenne Streitanlässe in der Familie. Welche betreffen eher Jungen, welche eher Mädchen?
2 Betrachte Abb. 4. Gib den Inhalt der Bildergeschichte wieder. Wie würdest du dich in einer ähnlichen Situation verhalten?
3 Welche Möglichkeiten haben Mädchen, sich in Belästigungssituationen deutlich ablehnend zu verhalten?

3 Unzufrieden mit dem Aussehen

4 Partystress

Erwachsen werden

Das Körperwachstum beschleunigt sich. Arme und Beine werden länger.

Die Haut verändert sich. Pickel können entstehen.

Schweißdrüsen werden aktiver.

Brust und Schultern werden im Vergleich zur Hüfte breiter.

Auf Brust, Armen und Beinen werden die Haare dichter.

Das Gesicht wird kantiger.

Die ersten Barthaare wachsen.

Der Kehlkopf wächst. Die Stimmbänder werden länger. Die Stimme wird tiefer.

Achselhaare beginnen zu wachsen.

Penis, Hoden und Hodensack werden größer.

Die Geschlechtsorgane nehmen ihre Funktion auf. Es kommt zum ersten Samenerguss.

Die Schamhaare wachsen.

1 Junge in der Pubertät

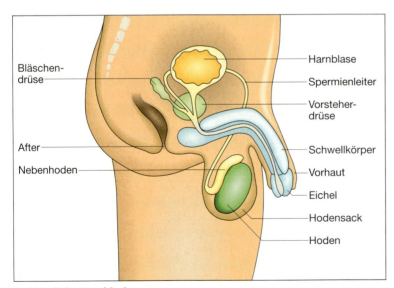

2 Männliche Geschlechtsorgane

2.2 Aus Jungen werden Männer

In der Pubertät verändert sich auch der Körper von Jungen. Die *Geschlechtsorgane*, die bereits seit der Geburt vorhanden sind, wachsen und nehmen ihre Funktion auf. Jungen bemerken die Veränderungen meist etwas später als Mädchen. Irgendwann im Alter zwischen 10 und 14 Jahren sehen sie, dass sich ihre Hoden vergrößern und dass der Hodensack dunkler und faltiger wird. Einige Zeit später beginnt auch der Penis zu wachsen. In den Hoden bilden sich die ersten männlichen Geschlechtszellen, die **Spermien.** Sie werden in den Nebenhoden gespeichert. Wenn sich dort sehr viele Spermien angesammelt haben, kann es bei Jungen zu einem nächtlichen Spermienerguss kommen. Man spricht dann auch von „feuchten Träumen". Solche Spermienergüsse sind ein Zeichen dafür, dass ein Junge ab jetzt zeugungsfähig ist. Alle diese Veränderungen werden durch *Geschlechtshormone* ausgelöst.

Geschlechtshormone sind auch dafür verantwortlich, dass sich die *sekundären männlichen Geschlechtsmerkmale* herausbilden. Das Gesicht von Jungen wird kantiger und auf der Oberlippe zeigt sich der erste Bartflaum. In den Achselhöhlen und im Schambereich wachsen ebenfalls Haare. Die Körperbehaarung auf Armen, Beinen und der Brust entwickelt sich erst später. Nach und nach verändert sich auch die Figur. Die Muskulatur nimmt zu und Schultern und Brust werden breiter. Das Becken bleibt schmal. Während der Wachstumsphase wächst auch der Kehlkopf, wodurch die Stimmbänder länger werden. Dies führt zum Stimmbruch. Während des Stimmbruchs schlägt die hohe Kinderstimme beim Sprechen und Singen immer wieder in die tiefere Männerstimme um. Die männliche Stimme bildet sich allmählich heraus. Spätestens jetzt bemerken alle Personen im Umfeld eines Jungen, dass aus ihm langsam ein Mann wird.

Während der Pubertät haben Jungen zum Teil große Probleme mit ihrer Sexualität. Schon als Kind versteift sich ihr Penis hin und wieder. Man spricht dann von einer *Erektion*. Die Schwellkörper füllen sich dabei mit Blut und der Penis richtet sich auf. In der Pubertät werden solche Erektionen häufiger. Manchmal genügt schon die Reibung der Hose oder eine gefüllte Blase. Normalerweise entsteht eine Erektion allerdings durch den Anblick eines Mädchens, das einem Jungen gefällt, durch sexuelle Fantasien oder die Berührung des Penis. Den Umgang mit Erektionen muss ein Junge erst lernen. Manchmal entstehen sie zu ganz „unpassenden" Zeitpunkten und können sehr peinlich sein. Manchen Jungen hilft es dann, wenn sie sich auf etwas völlig anderes konzentrieren.

Genau wie Mädchen sind auch viele Jungen in diesem Alter mit ihrem Körper unzufrieden. Wenn sie sich mit anderen vergleichen, stellen sie fest, dass diese mehr Barthaare haben oder viel größer und stärker sind als sie selbst. Solche Unterschiede sind selbst unter gleichaltrigen Jungen ganz normal. Erst zwischen 18 und 20 Jahren haben Jungen ihre endgültige Körpergröße und Figur erreicht. Eine häufige Sorge scheint auch zu sein, dass der Penis nicht groß genug ist. Beim Duschen nach dem Sport oder Schwimmen werden weniger weit entwickelte Jungen deshalb oft ausgelacht. Ein solches Verhalten ist unfair. Männlichkeit hat nichts mit der Größe des Penis zu tun. Auch für Mädchen oder Frauen ist sie nicht ausschlaggebend, wenn sie sich in einen Jungen oder Mann verlieben.

Auch in ihrem Verhalten sind Jungen dieses Alters sehr unsicher. Einige wollen besonders männlich wirken und versuchen, mit starken Übertreibungen über ihre Erlebnisse mit Mädchen zu imponieren. Sie fordern die anderen immer wieder zu Vergleichen und Wettkämpfen heraus. Wer dabei nicht mitmachen möchte, sollte das deutlich sagen. Man ist kein Feigling, wenn man keine Lust auf Raufereien oder Mutproben hat. Im Gegenteil, meist erfordert es mehr Mut, eine von der Mehrheit abweichende Meinung beizubehalten und sich nicht provozieren zu lassen.

3 Unzufrieden mit dem eigenen Aussehen

4 Der Körper reagiert

In der Pubertät prägen sich die männlichen Geschlechtsmerkmale aus. Auch das Verhalten von Jungen verändert sich. Die Veränderungen werden durch Hormone ausgelöst.

1 Beschreibe die Veränderungen eines Jungen in der Pubertät.
2 Beschreibe Gemeinsamkeiten und Unterschiede der Veränderungen bei Jungen und Mädchen während der Pubertät.

Erwachsen werden

Pinnwand
MEDIZINISCHE UND HYGIENISCHE FRAGEN

Monatshygienische Fragen

Während der Menstruation verlieren Frauen zwischen 60 und 220 ml Flüssigkeit, die aus Blut und Schleimhautresten besteht. Diese Flüssigkeit muss durch Binden oder Tampons aufgefangen werden. Jedes Mädchen entscheidet sich für seine persönliche Monatshygiene. Diese wird vom körperlichen Wohlbefinden mitbestimmt.

Mitesser, Pickel, Akne

Talg macht die Haut geschmeidig. In der Pubertät sind die Talgdrüsen der Haut besonders aktiv. Dabei kann es zur Stauung in den Talgdrüsen kommen. Es bilden sich Talgpropfen, auch Mitesser genannt, die die Öffnungen der Talgdrüsen verstopfen.
Schwellen sie an und röten sich, entstehen Pickel. Kommt es zusätzlich zu einer eitrigen Entzündung, entsteht eine lästige Hauterkrankung, die Akne.

Täglich duschen?

Während der Pubertät werden die Drüsen unter den Achseln und im Genitalbereich aktiv. Du schwitzt mehr als vor dieser Zeit. Schweiß, der sich auf der Haut ablagert und bakteriell zersetzt wird, führt zu unangenehmem Körpergeruch. Du solltest dich jetzt täglich waschen, duschen oder baden.

1. Sammle Reklame von Binden, Tampons und Slipeinlagen. Überlege, was bei der Anwendung dieser Hygieneartikel beachtet werden muss. Stelle eine Tabelle auf, in der du Vor- und Nachteile der Hygieneartikel gegenüberstellst.
2. Informiere dich über Geschlechtskrankheiten. Berücksichtige dabei Ansteckungsmöglichkeiten und Folgen. Wie kann man sich schützen?
3. Stelle Pflegetipps für die Haut während der Pubertät zusammen.
4. Notiere Regeln für die tägliche Hygiene. Diskutiert in der Klasse darüber.

Krankheiten durch Geschlechtsverkehr

Ansteckende Krankheiten können bei jedem intimen Körperkontakt, bei dem es zum Austausch von Körperflüssigkeiten kommt, übertragen werden. Krankheitserreger sind Bakterien (Tripper, Syphilis), Viren (Hepatitis, AIDS), Pilze, Einzeller oder Parasiten (Filzläuse).

Erwachsen werden

2.3 Hormone steuern die Entwicklung

Miriam und Lisa sitzen zusammen, kichern, träumen und erzählen sich Neuigkeiten. Lisa schwärmt für einen Jungen aus der Nachbarklasse. Die Mädchen fragen sich, wer eigentlich im Körper das Startsignal für die Pubertät gibt. Diese Frage taucht auch im Biologieunterricht auf.

Die Pubertät wird vom Gehirn eingeleitet und verursacht komplizierte Entwicklungsvorgänge. Ein Teil des Gehirns, das **Sexualzentrum**, wirkt über *Hormone* auf die **Hirnanhangdrüse** ein. Diese produziert ihrerseits ebenfalls Hormone, die ganz speziell auf die Keimdrüsen, das heißt die Eierstöcke oder die Hoden, wirken.
Die Eierstöcke der Frau beginnen nun die Sexualhormone **Östrogene** und **Gestagene** auszubilden. Beim Mann kommt es zur Bildung von **Androgenen** in den Hoden.
Sexualhormone beeinflussen nicht nur die Ausbildung der sekundären Geschlechtsmerkmale und den Stoffwechsel, sondern auch die Psyche. Bei Jungen kommt es zum ersten *Samenerguss* und bei den Mädchen entsteht die erste befruchtungsfähige Eizelle. Sie bekommen ihre *Menstruation*.

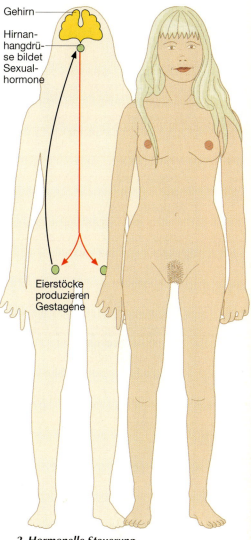

1 Hormonelle Steuerung in der Pubertät bei Jungen

2 Hormonelle Steuerung in der Pubertät bei Mädchen

Die Information über das Vorkommen der Sexualhormone im Blut wird wiederum an das Gehirn und die Hirnanhangdrüse gemeldet. So kann über ein abgestimmtes System von Hormonbildung und Rückmeldung die Wirkung der Hormone im Körper fein reguliert werden.

Der Mensch besitzt noch eine Vielzahl anderer Hormondrüsen. Eine besonders einflussreiche Hormondrüse ist die Hirnanhangdrüse. Sie produziert unter anderem das **Wachstumshormon**.

Alle Hormondrüsen des Menschen erzeugen nur bestimmte Hormone und geben sie ins Blut ab. Mit dem Blut werden die verschiedenen Hormone zu den Zellen und Organen des Körpers transportiert. Jedes Hormon wirkt so auf bestimmte Zellen und Organe.

> Die Pubertät wird durch Hormone ausgelöst. Hormondrüsen produzieren diese Hormone, die über das Blut zu den Zellen transportiert werden. Dort steuern sie verschiedene Vorgänge im Körper.

1 Wer gibt das Startsignal für die Pubertät?
2 Informiere dich über weitere Hormondrüsen im menschlichen Körper. Welche Aufgaben haben sie?

Erwachsen werden

Übung

Hormone treiben es rund

Spielregeln: Alle Spielerinnen und Spieler beginnen am Startfeld.
Es beginnt derjenige, der die höchste Zahl gewürfelt hat. Entsprechend der Würfelzahl wird vorgerückt. Triffst du auf ein Zahlenfeld, so hast du die Aufgabe, den begonnen Satz mithilfe eines gelben Kästchens zu vollenden. Zu diesem Kästchen mit der Lösung darfst du dann auch springen.

Wie werden die richtigen Lösungen kontrolliert?
Du notierst dir auf einen Zettel den Zahlen-Strich-Code, den du auch auf der rechten Seite dieses Spiels unter der Überschrift „Lösung" findest.

Triffst du zum Beispiel auf das Zahlenfeld 1, so findest du als Anhängsel des Satzbeginns „Die Pubertät wird..." den Buchstaben S. Diesen fügst du auf dem Strich ein, unter dem die 1 steht.
Rechts daneben befindet sich ein weiterer leerer Strich. Hier ergänzt du die Buchstaben, die zu dem passenden Satzende von Kästchen 1 gehören. Die Lösung lautet in diesem Fall „… vom Gehirn eingeleitet". Du trägst also ein EN rechts neben dem S ein.

Gewonnen hat, wer zuerst das Lösungswort durch die richtige Buchstabenkombination gefunden hat.

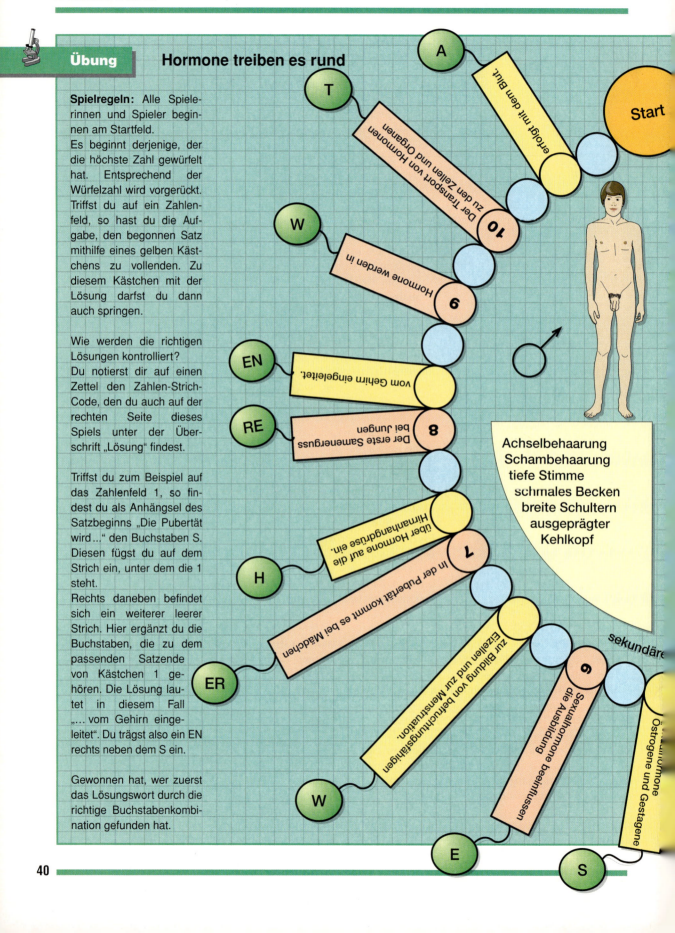

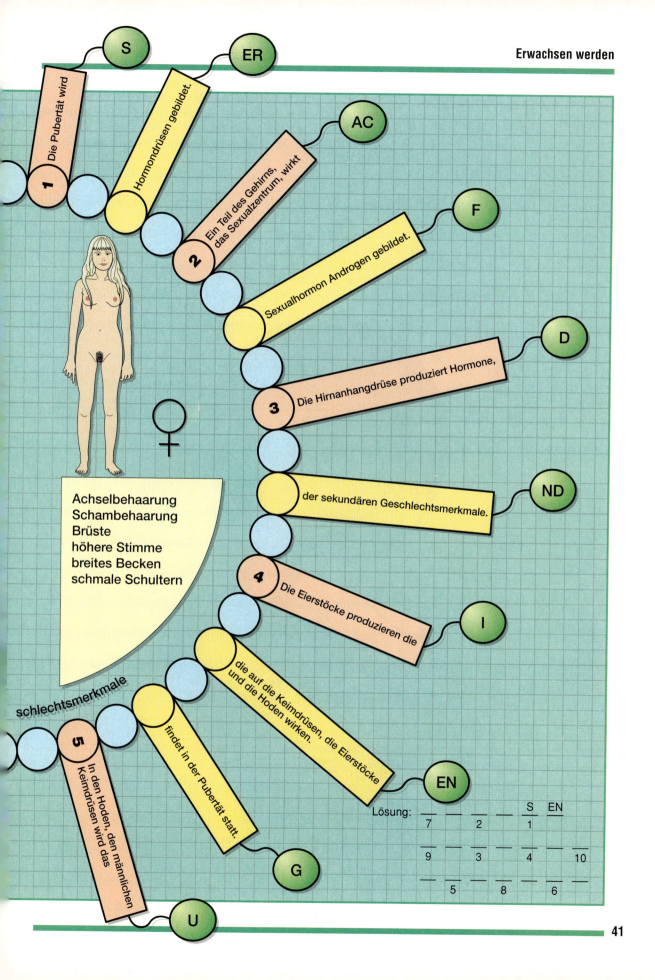

Erwachsen werden

3 Verhaltensweisen beim Menschen

3.1 Angeborenes Verhalten

„Ein Lächeln verbindet alle Menschen miteinander." Unter diesem Motto könnte man eine Verhaltensweise beschreiben, mit der Menschen zum Beispiel Freude, Glück oder Zufriedenheit zum Ausdruck bringen und freundlichen Kontakt zu Mitmenschen aufnehmen wollen. Beim **Lächeln** verändert sich der Gesichtsausdruck im Bereich des Mundes und der Wangen so, dass sich der Mund verbreitert und öffnet, die Augen schmaler werden und sich in den äußeren Augenwinkeln meist Falten bilden.

Diese *Mimik* beim Lächeln kann man bei Menschen in allen Kulturen der Welt beobachten. Selbst bei Naturvölkern, die völlig abgeschieden von anderen Kulturen leben, gleicht diese Mimik der aller anderen Völker.

Das Lächeln ist eine „international" verständliche Mimik aller Menschen jeden Alters.

Auch taubblind geborene Kinder, die nie etwas gehört oder gesehen haben, lächeln, wenn sie zum Beispiel Freude und Glück empfinden. Das Lächeln ist also eine **angeborene Verhaltensweise** des Menschen.

Vergleicht man die Mimik verschiedener Menschen miteinander, kann man weitere angeborene Verhaltensweisen beobachten, die von allen Menschen verstanden werden. So zieht man bei Trauer die Mundwinkel herab oder stülpt beim Schmollen Ober- und Unterlippe vor. Ein Herabziehen der Augenbrauen zeigt Ärger an, ein Rümpfen der Nase drückt Ablehnung aus, während das Zwinkern mit einem Auge oder das Anheben der Augenbrauen Freundlichkeit, Aufmerksamkeit und Interesse bedeuten.

Angeborene Verhaltensweisen wie das Lächeln zeigt schon ein Säugling. Mit dem Lächeln äußert er seinen Wunsch nach Aufmerksamkeit und Zuneigung der Erwachsenen. Aber auch durch Weinen will der Säugling Kontakt aufnehmen. Hat ein Säugling Hunger oder fühlt er sich nicht wohl, schreit und weint er. Dieses **Schreiweinen** kann aber auch dadurch ausgelöst werden, dass der Säugling sich verlassen fühlt. Mit diesem **Kontaktverhalten** möchte er dann die Aufmerksamkeit seiner Umgebung wecken.

Wenn eine vertraute Person wie Vater oder Mutter einen schreienden Säugling in die Arme nimmt, ihn streichelt und liebkost oder ihn anlächelt und mit ihm spricht, beruhigt er sich meist wieder. In seiner vertrauten Umgebung und in der Nähe seiner *Bezugspersonen* fühlt er sich offensichtlich wohl.

Durch den *Hautkontakt* und den *Blickkontakt* mit seinen Bezugspersonen festigt sich die Bindung zwischen Säugling und Bezugsperson. So entsteht ein *Vertrauensverhältnis*.

Gelegentlich müssen Säuglinge oder Kleinkinder für längere Zeit von ihrer vertrauten Umgebung und ihren Bezugspersonen getrennt leben. Sind sie in dieser Zeit zum Beispiel in einem Heim untergebracht, kann dem Kontaktbedürfnis der Kinder nicht immer ausreichend entsprochen werden. In solchen Fällen kann das Kind körperliche und

1 Lächeln. **A** *Säugling;* **B** *Mädchen eines Naturvolkes aus Afrika;* **C** *taubblind geborenes Mädchen;* **D** *Smiley als internationales Zeichen*

Erwachsen werden

seelische Schäden erleiden. Kinder, die unter „Liebesentzug" aufwachsen, neigen zu verstärkter Schwermut und zu Interessenlosigkeit. Ihre körperliche und geistige Entwicklung ist meist verlangsamt und sie sind anfälliger für Krankheiten. Zeigt ein Kind solche Erscheinungen, leidet es unter *Hospitalismus*.

Auch viele Körperbewegungen des Säuglings sind angeboren. Wird der Säugling an die Brust der Mutter gelegt, bewegt er den Kopf hin und her. Er tastet mit Mund und Wangen über die Brust. Hat er die Brustwarze berührt, umschließt er sie mit den Lippen und macht mit Mund und Zunge Saugbewegungen. Dieser angeborene **Saugreflex** kann aber auch ausgelöst werden, wenn man die Wangen oder den Mund des Säuglings berührt.

Berühren die Handinnenflächen des Säuglings einen Gegenstand, wird er sofort von seinen Fingern umschlossen. So lässt der Säugling den umklammerten Gegenstand erst wieder los, wenn man seine Finger vorsichtig einzeln aus der Umklammerung löst. Dieser **Handgreifreflex** des Säuglings wird auch bei der Berührung durch Haare ausgelöst. Bei den Vorfahren des Menschen diente der Handgreifreflex vermutlich zum Festklammern im Fell der Mutter.

Meist liegt der Säugling auf dem Rücken. Legt man ihn auf den Bauch, macht er mit den Beinen und Händen Ruder- und Kriechbewegungen, ohne sich jedoch von der Stelle bewegen zu können. Hält man den Säugling so aufrecht, dass seine Füße den Boden berühren können, beginnt er mit Schreitbewegungen. Diese angeborenen Verhaltensweisen werden in der weiteren Entwicklung des Säuglings durch erlernte Körperbewegungen ergänzt und miteinander verknüpft.

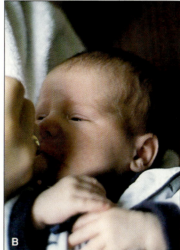

2 Angeborene Verhaltensweisen.
A *Schreiweinen;* **B** *Saugreflex;*
C *Handgreifreflex*

> Das Lächeln und viele andere Verhaltensweisen des Menschen sind angeboren. Schreiweinen, Handgreifreflex und Saugreflex sind angeborene Verhaltensweisen von Säuglingen.

1 Auf welche Weise kann man feststellen, ob eine Verhaltensweise beim Menschen angeboren ist? Begründe die Untersuchungsmethoden und nenne Beispiele.

2 Welche Bedeutung haben Bezugspersonen und eine vertraute Umwelt für den Säugling?

3 Auf welche Weise kann man dem Neugierverhalten und dem Kontaktbedürfnis des Säuglings entgegenkommen? Nenne verschiedene Maßnahmen und Verhaltensweisen, die für die Entwicklung des Säuglings förderlich sind.

4 Was drückt der „Smiley" in Abb. 1D aus? Nenne Beispiele, bei denen ein Smiley als Zeichen verwendet wird.

5 Nicht nur durch die Sprache, sondern auch durch Mimik und Körperhaltung kann man sich untereinander verständigen. Versuche ein bestimmtes Gefühl, z. B. Angst, Freude, Ärger, Überheblichkeit durch einen treffenden Gesichts- und Körperausdruck auszudrücken. Wie haben deine Mitschülerinnen und Mitschüler den Ausdruck deiner Mimik und Körperhaltung verstanden?

6 a) Durch Mimik kann man auch täuschen. Eine bewusst vorgetäuschte Mimik mit der entsprechenden Körperhaltung kann bei den Mitmenschen erwünschte Gefühle und Empfindungen hervorrufen. Nenne dazu Beispiele.
b) Versuche durch eine gespielte Mimik und die entsprechende Körperhaltung deinen Mitschülerinnen und -schülern ein bestimmtes Gefühl vorzutäuschen.

Erwachsen werden

1 Frau- und Mannschema

3.2 Unbewusste Beeinflussung des Verhaltens

„Hey – toller Typ!" Solche oder ähnliche wertende Bemerkungen werden oft spontan geäußert, wenn man einen Menschen zum ersten Mal sieht. Manchmal erregen auch nur bestimmte Teile des Körpers die Aufmerksamkeit. Was veranlasst Menschen dazu, beim Anblick des Körpers einer Frau oder eines Mannes so zu reagieren?

Betrachten wir den weiblichen Körper. Die typischen Formen werden durch die sekundären Geschlechtsmerkmale wie die schmale Taille, die Hüften oder die Brüste geprägt. Daneben fallen aber auch die roten Lippen, die Augen und die Haare auf. Der männliche Körper wird durch andere sekundäre Geschlechtsmerkmale wie breite Schultern und schmale Hüften bestimmt. Ebenso wirken aber auch markante Gesichtszüge und ein kraftvolles Auftreten. Alle diese Merkmale wecken Interesse und Aufmerksamkeit. Sie üben unbewusst eine sexuelle Anziehung auf den Betrachter aus. Wahrscheinlich ist es den Menschen angeboren, auf solche **sexuellen Reize** zu reagieren. Häufig werden sie noch durch die Kleidung hervorgehoben. So können zum Beispiel taillierte Kleidung oder Schulterpolster die Merkmale des Mann- und Frauschemas betonen.

Auch der Anblick von Säuglingen ruft meist spontan Aufmerksamkeit hervor. Mit Ausrufen wie „ach wie süß" drücken Erwachsene ihre Zuneigung aus und zeigen den Wunsch an, einen Säugling in den Arm zu nehmen und ihn zu liebkosen. Beim Anblick eines Säuglings fallen besonders die großen Augen, die hohe Stirn, der im Vergleich zum Körper große Kopf und die Pausbacken auf. Zusammen mit den meist noch unbeholfenen Bewegungen des Säuglings entsprechen die Merkmale dem **Kindchenschema,** auf das besonders Erwachsene unbewusst mit Fürsorgegefühlen und Zärtlichkeit reagieren.

Auch Tiere zeigen oft solche Merkmale. Nicht nur der Ausdruck der Jungtiere, sondern auch der vieler ausgewachsener Tiere wie Hamster, Kaninchen oder Koalas entspricht dem Kindchenschema. Weiches und flauschiges Fell verstärken das Gefühl der Zuneigung und den Wunsch zum „Liebhaben". Aber auch Puppen mit kindlichem Gesicht oder Stofftiere wie Teddys mit großem Kopf und kurzer Schnauze empfinden wir als sympathisch und liebenswert. Das Kindchenschema findet auch im Comic Anwendung. Besonders bei „guten" Comic-Figuren werden mehrere Merkmale des Kindchenschemas gleichzeitig und überzeichnet hervorgehoben.

Die Werbung nutzt solche Möglichkeiten, die Menschen zu beeinflussen. Die Beeinflussung wird uns meist nicht bewusst. Durch Reklame versuchen die Hersteller auf ihre Produkte aufmerksam zu machen. So werben zum Beispiel knapp bekleidete junge Frauen verführerisch für Motorräder oder attraktive Männer flirten mit Frauen, die eine bestimmte Kosmetik benutzen. Niedliche Säuglinge werben z. B. für besondere Sicherheitssysteme in einem Auto. Auf diese Weise soll der Kunde zum Kauf des angepriesenen Produktes veranlasst werden.

> Auf sexuelle Reize von Frau oder Mann und Merkmale des Kindchenschemas reagiert der Mensch unbewusst mit Aufmerksamkeit und Zuwendung.

1 Nenne sekundäre Geschlechtsmerkmale von Frau und Mann.

2 Welche Merkmale kennzeichnen das Kindchenschema? Nimm Abb. 2 zu Hilfe.

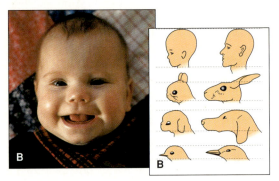

2 Kindchenschema. A Säugling; B Vergleich der Kopfformen von jungen und erwachsenen Tieren und dem Menschen

Erwachsen werden

Übung

KÖRPERSPRACHE

A1 Mimik und Gestik

Durchführung: Teilt euch in 4er-Gruppen auf. Setzt euch so hin, dass ihr die anderen Gruppenmitglieder nicht sehen könnt, also mit dem Rücken zueinander. Beginnt nun ein Gespräch über ein beliebiges Thema.

Aufgaben: a) Stelle fest, was anders ist als bei einem normalen Gespräch.
b) Die Körperhaltung und den Gesichtsausdruck der Personen auf dieser Seite kannst du sehen. Beschreibe die Gestik und Mimik der Personen auf den Abbildungen 1 bis 3.
c) Was vermitteln dir die in Abbildung 4 bis 7 dargestellten Jugendlichen? Finde eine treffende Überschrift für jede Abbildung.
d) Wählt fünf Schülerinnen oder Schüler aus. Sie sollen versuchen, unterschiedliche Körperhaltungen darzustellen. Gelingt es dir, die dargestellten Haltungen zu deuten?

A2 Situationsspiel

Durchführung: Wählt drei Schülerinnen oder Schüler aus der Klasse aus. Sie sollen sich ein Gesprächsthema aussuchen, das zu einer Streitsituation führt. Der Rest der Klasse beobachtet, wie sich das Verhalten und die Körpersprache der Schauspielerinnen und Schauspieler verändert.

Aufgaben: Versucht festzustellen, wie und warum es zum Streit gekommen ist.

Erwachsen werden

IN GESICHTERN LESEN

Pinnwand

1. Auf dieser Seite sind verschiedene Ausdrucksformen abgebildet.
   a) Finde zu jeder Abbildung ein typisches Adjektiv.
   b) Beschreibe eine Situation, in die dieses Gesicht passen könnte.
   c) Vergleiche dein Ergebnis mit dem anderer Gruppen.

2. Suche in Zeitschriften fünf Personen mit verschiedenen Gesichtsausdrücken. Entwirf zu jeder Person eine Sprechblase mit passendem Text.

3. Beobachte Menschen in deinem Umfeld. Welche Gestiken und Mimiken sind für sie typisch?

Erwachsen werden

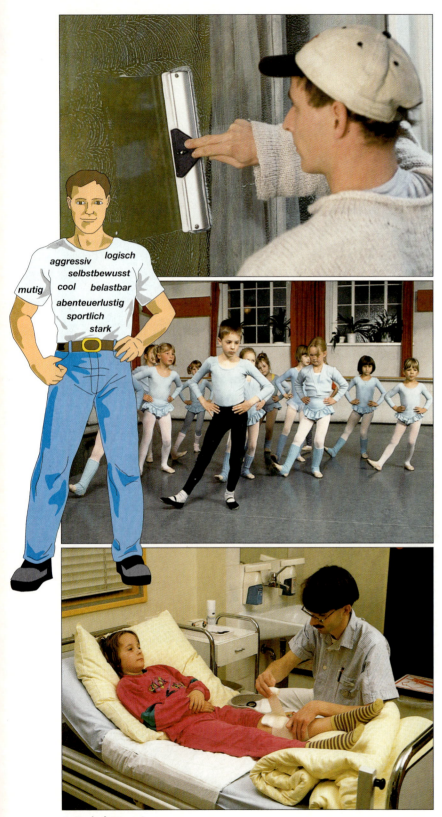

1 Typisch Mann?

3.3 Typisch männlich – typisch weiblich?

Wenn man Männer und Frauen in Werbeanzeigen betrachtet, stellt man fest, dass viele einem ganz bestimmten Bild entsprechen. Es werden oft sportliche, gut aussehende Typen gezeigt. Sie zeigen häufig die typisch männlichen Merkmale wie breite Schultern, muskulösen Brustkorb, schmale Hüften und kräftige Beine. Frauen sind meist jung und hübsch. Sie zeigen typisch weibliche Merkmale wie schmale Schultern, schlanke Taille, breite Hüften und lange schlanke Beine. Ihr Busen ist häufig besonders betont.

Aber nicht nur im Hinblick auf das Aussehen gibt es typisch weibliche und typisch männliche Merkmale. Auch über die Art, wie Männer oder Frauen sind, gibt es ganz bestimmte Vorstellungen. So werden Männer häufig als besonders „cool", stark und mutig dargestellt. Frauen dagegen scheinen eher hilfsbedürftig und verführerisch zu sein. In Werbeanzeigen wird mit solchen Merkmalen in Aussehen und Wesen von Männern und Frauen für bestimmte Produkte geworben.

Entspricht so ein *Männer-* oder *Frauenbild* der Wirklichkeit? Wenn man sich in seinem Freundeskreis umschaut, so wird man sehr schnell feststellen, dass das nicht so ist. Besonders deutlich wird dies am Aussehen. Kaum eine Frau oder ein Mann hat eine solche Traumfigur, wie sie in Werbeanzeigen dargestellt ist. Ob man jemand mag oder nicht, ist aber sicher nicht nur von solchen Äußerlichkeiten abhängig.

Auch das Verhalten entspricht häufig nicht den typisch weiblichen oder männlichen Merkmalen. Bestimmt kennen viele mutige, starke

Erwachsen werden

Frauen, die sehr viel leisten. Allein erziehende Mütter zum Beispiel oder Frauen mit interessanten Berufen oder Hobbys, die viel Kraft erfordern. Es gibt aber auch viele Männer, die keinen Spaß daran haben, immer nur „cool" zu sein: Männer, die beispielsweise gerne kochen und einen gemütlichen Abend bei Kerzenlicht verbringen.

Trotzdem gibt es noch immer viele Vorstellungen, was ein Mann oder ein Junge, eine Frau oder ein Mädchen tun sollte und was nicht. Früher wurden Mädchen und Jungen entsprechend erzogen. Frauen waren für die Hausarbeit und die Kinder zuständig, Männer mussten in einem Beruf Geld für die Familie verdienen.

Heute ist das nicht mehr ausschließlich so. Männer und Jungen dürfen lieb, schwach oder passiv sein, wenn sie wollen. Frauen und Mädchen können ihre Wünsche und Vorstellungen äußern und durchsetzen, wenn sie wollen. Wichtig ist, dass man herausfindet, was einem am meisten entspricht und sich dementsprechend verhält. Dies ist besonders auch im Hinblick auf die Wahl des Berufes wichtig.

> Männer und Frauen müssen heute keinem bestimmten Bild mehr entsprechen. Jeder kann seine Lebensplanung nach den eigenen Vorstellungen und Fähigkeiten gestalten.

1 Sammle Werbeanzeigen, die „typisch männliche" Männer und „typisch weibliche" Frauen zeigen. Fertige eine Collage an.

2 Mache eine Umfrage: Welche Arbeiten im Haushalt werden üblicherweise von Männern, welche von Frauen erledigt? Wie begründen die Befragten ihre Antworten?

2 Typisch Frau?

Erwachsen werden

Pinnwand

GESCHLECHTERROLLEN IM WANDEL

Maik: Meine Eltern haben sich getrennt!

Als sich meine Eltern vor drei Jahren trennten, dachte ich, jetzt ist alles zu Ende. Ich habe geheult, geschrien, war trotzig und traurig, es hat alles nichts genützt. Mein Vater ist dann schließlich ausgezogen. Zuerst habe ich niemandem etwas davon erzählt. Alle sollten glauben, dass alles noch so wäre wie vorher. Aber das ging nicht gut. Meine Lehrerin hat's dann gemerkt, weil ich in der Schule immer schlechter geworden bin. Aber jetzt geht es mir wieder gut. Ich bin sogar froh, dass sich meine Eltern getrennt haben. Die ewigen Streitereien waren einfach fürchterlich. Mit meiner Mutter komme ich ganz toll klar: Wir besprechen alle Entscheidungen, zum Beispiel wohin wir in Urlaub fahren. Ich bin dann total gleichberechtigt. Früher haben immer meine Eltern alles bestimmt. Natürlich helfe ich auch bei den Hausarbeiten. Ich kann schon einige Gerichte ganz allein kochen.
Meinen Vater sehe ich einmal im Monat am Wochenende. Ich übernachte bei ihm und er nimmt sich richtig Zeit für mich. Es gibt dann immer ein super Programm: Wir gehen ins Kino, fahren Kanu oder machen sonstwas Tolles. Ich glaub, Vater hat auch schon eine neue Freundin. Er hat mir neulich von ihr erzählt. Wie ich allerdings mit der klarkomme, weiß ich noch nicht. Aber vielleicht ist sie ja ganz nett...

Erwachsen werden

Hatice trägt seit ein paar Wochen ein Kopftuch

Wenn bei türkischen Mädchen die Pubertät beginnt, treten für viele die strengen Kleidungs- und Verhaltensregeln für muslimische Frauen in Kraft. Dazu gehören das Tragen eines Kopftuches und der Verzicht auf enge T-shirts oder kurze Röcke. Manche Mädchen dürfen das Haus nur noch unter Aufsicht verlassen. Die Teilnahme an Klassenfahrten oder Feten ist häufig verboten. Es wird von ihnen erwartet, dass sie später einen türkischen Mann heiraten und davor keinerlei Beziehungen zu anderen Jungen oder Männern haben. Für türkische Mädchen ist es manchmal schwierig, die Erwartungen ihrer Familie und das Leben mit ihren Freundinnen und Freunden zu vereinbaren.

Im Vergleich zu den Mädchen haben türkische Jungen viel mehr Freiheiten. Es wird zwar auch von ihnen erwartet, dass sie später ein türkisches Mädchen heiraten, sie dürfen aber davor auch mit anderen Mädchen befreundet sein. Sie können an allen Veranstaltungen teilnehmen, ohne sich um ihren „guten Ruf" sorgen zu müssen. Allerdings haben oft auch türkische Jungen Probleme mit ihrem Leben zwischen der Familie und den Freunden.

Polizei-Verordnung

§ 1. Während der Damenbadestunden, das ist die Zeit, wo eine rote Fahne auf der Marienhöhe aufgezogen ist, darf der Badestrand von Personen männlichen Geschlechts, welche das 8. Lebensjahr vollendet haben, nicht betreten werden.

§ 2. Ebenso ist während der Damenbadestunden das Betreten der Marienhöhe und der Zugänge zum Damenbadestrand von da ab, wo die Warnungstafeln mit der Aufschrift „Verbotener Weg für Herren" aufgestellt sind, verboten.

§ 3. Die Boot- und Schaluppenführer dürfen bei Lustfahrten während der Damenbadestunden mit ihren Fahrzeugen nicht in die Nähe des Damenbadestrandes kommen.

§ 4. Zuwiderhandlungen gegen vorstehende Bestimmungen werden mit Geldbuße bis zu 15 Mk., an deren Stelle im Unvermögensfalle entsprechende Haft tritt, bestraft.

Der königliche Amtshauptmann
Vorstehende Polizei-Verordnungen werden hiermit zur öffentlichen Kenntnis gebracht.

Königliches Bade- und Polizei-Commissariat

Norderney, 1880

Erwachsen werden

3.4 Verhaltensbeobachtungen beim Zusammenleben

Die Schule ist ein Ort, an dem viele Schülerinnen und Schüler unterschiedlichen Alters mit unterschiedlichen Erfahrungen, verschiedenem Charakter und oftmals aus mehreren Nationen einen großen Teil des Tages miteinander verbringen. Dazu kommt, dass sich die Schülerinnen und Schüler unterschiedlich gut kennen. Viele haben enge Beziehungen in einer Gruppe, einige sind eher Einzelgänger und manche kennen sich nur vom Sehen her. Diese Unterschiede bedingen, dass beim Zusammenleben der Jugendlichen in der Schule eine Vielzahl von Verhaltensweisen beobachtet werden kann. Viele dieser Verhaltensweisen sind typisch für den Menschen.

Betreten Schülerinnen und Schüler einen ihnen unbekannten Klassen- oder Fachraum, ohne dass eine Sitzordnung vorgegeben ist, besetzen sie meist zuerst die hintersten Sitzplätze. Anschließend werden Sitzplätze an der Fensterseite und Wandnähe besetzt. Dieses **Wandkontaktverhalten** verleiht Sicherheit, da man keine „Blicke im Rücken" hat und sich nicht eingeengt fühlt. Das Wandkontaktverhalten kann man auch bei der Belegung von Sitz- oder Stehplätzen in Straßenbahnen, Bussen, Fahrstühlen, Lokalen oder bei Schulfeten beobachten.

In nahezu jeder Klasse oder jedem Kurs besteht eine feste Sitzordnung. Hierbei beansprucht jeder seinen Stuhl und seinen Platz an einem bestimmten Arbeitstisch. Meist erkennen die Schülerinnen und Schüler ihren Stuhl an besonderen Merkmalen. Werden Stühle vertauscht, kommt oft der spontane Ausruf: „Ich möchte meinen Stuhl wieder haben!" Auch Äußerungen wie „das ist mein Platz", „das gehört mir" zeigen, dass Menschen bestimmte Gebiete oder

3 Individualdistanz

2 Territorialverhalten

1 Wandkontaktverhalten

Gegenstände als ihr „Eigentum" betrachten. Sie unterscheiden zwischen „Mein und Dein". Solche Besitzansprüche gehören zum **Besitzverhalten** des Menschen.

Sitzen Schülerinnen und Schüler an ihren Arbeitstischen, kann man besonders bei schriftlichen Arbeiten beobachten, dass einige ein Etui, ein Lineal, ein Buch oder andere Gegenstände in die Mitte des Arbeitstisches legen. Manche markieren sogar die Tischmitte mit einem Bleistiftstrich. Auf diese Weise grenzen sie ihren Arbeitsbereich ab. Sie beanspruchen ein bestimmtes Territorium oder Revier.

Solches **Territorialverhalten** zeigt sich auch auf dem Schulhof, wenn Gruppen oder Klassenstufen ein bestimmtes Gebiet als Spiel- und Aufenthaltsgebiet beanspruchen.

Auch in anderen Situationen kann man Territorialverhalten zwischen Gruppen beobachten. An Badeplätzen zum Beispiel halten einzelne Gruppen räumlichen Abstand voneinander. Gleichzeitig markieren viele ihr Revier durch Handtücher, Sonnenschirme oder Sandburgen. Auch Abgrenzungen von Grundstücken durch Zäune, Hecken oder Mauern können Zeichen für das Territorialverhalten des Menschen sein.

Wenn Jugendliche, die sich weniger gut kennen, vor Schulbeginn oder in den Pausen auf der Bank oder Mauer sitzen, sind sie meist bestrebt, einen bestimmten Abstand voneinander zu halten. Jeder scheint einen Raum um sich zu beanspruchen, in dem er keinen „Fremden" duldet. Man achtet auf die **Individualdistanz.** Das Einhalten der Individualdistanz zwischen Personen, die einander fremd sind, kann man zum Beispiel auch beobachten, wenn man in einer Warteschlange ansteht, an

Erwachsen werden

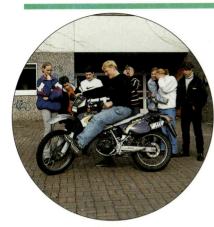

4 Imponierverhalten

einer Haltestelle wartet oder einen Sitzplatz in einem Wartezimmer auswählt.

Treffen jedoch Jugendliche zusammen, die befreundet und miteinander vertraut sind, suchen sie oftmals die Nähe zueinander. Beim geselligen Umgang zwischen vertrauten Personen, Freundinnen und Freunden werden meist die Grenzen bei Verhaltensweisen hinsichtlich des Besitzes, des Territoriums und der Individualdistanz aufgehoben.

Innerhalb einer Klassengemeinschaft versuchen häufig einzelne Mitglieder, das Interesse der anderen auf sich zu ziehen. Sie heben sich zum Beispiel durch interessante und „clevere" Äußerungen, durch Wissen und Leistungen oder durch besondere Talente oder Verhaltensweisen aus der Gemeinschaft hervor. Da gibt es diejenigen, die von vielen in der Klasse geachtet werden, und solche, die weniger Beachtung finden. So nimmt jedes Mitglied in der Klassengemeinschaft eine bestimmte soziale Stellung ein. Diese **Rangordnung** gibt ihnen einen entsprechenden Platz innerhalb der Gemeinschaft. Oft bewirken auch Geschlecht und Alter eine Rangstellung.
Die Abfolge der Rangstellungen in einer Gemeinschaft ist jedoch nicht starr. Durch seine individuellen Fähigkeiten muss jedes Mitglied der Gemeinschaft seine Rangstellung immer wieder beweisen. Gleichzeitig kann es in der Rangstellung auf- oder auch absteigen. Dabei zeigen sich häufig bestimmte Verhaltensweisen, die als **Aggressionsverhalten** zusammengefasst werden.

Manche Schülerinnen und Schüler versuchen sich zum Beispiel durch besondere Kleidung, neueste Trends, bestimmte Attribute oder „cooles" Verhalten von anderen abzuheben. Sie wollen so die Aufmerksamkeit der anderen auf sich lenken. Solches **Imponierverhalten** wirkt auf andere gelegentlich wie Angeberei. Durch Imponieren will

5 Gruppenbildung

man meist seine Rangstellung erhöhen oder demonstrieren. Manche versuchen aber auch auf diese Weise eine Rangposition vorzutäuschen.

Haben Jugendliche in bestimmten Bereichen gleiche Interessen, schließen sie sich oft zu Gruppen oder Cliquen zusammen. In Interessen- oder Fangemeinschaften versuchen sie zum Beispiel häufig durch gleiche Fan- oder Statussymbole, Parolen oder Verhaltensweisen zu imponieren. Solche *Gruppenbildung* kann aber auf den einzelnen Außenstehenden einschüchternd und bedrohlich wirken.

Aggressive Verhaltensweisen kann man besonders gut in *Streitsituationen* beobachten. Dabei geht es meist darum, sich zu behaupten oder seine Ansprüche auf Besitz oder Recht geltend zu machen. Streiten sich zum Beispiel zwei Schülerinnen oder Schüler auf dem Schulhof, stehen sich die Rivalen meist hoch aufgerichtet gegenüber und schauen sich laut schreiend mit zornig verzerrten Gesichtern an. Zu diesem *Drohverhalten* gehören auch geballte Fäuste, angedrohte Schlag- oder Tretbewegungen oder das Lächerlichmachen des Rivalen. Dabei ist nicht immer ausgeschlossen, dass die „angedrohte" Kampfbereitschaft in körperliche Angriffe übergehen kann.

Der bedrohte oder eingeschüchterte Rivale zeigt oft seine Unterlegenheit an, indem er sich zum Beispiel „klein" macht, abwendet und sich demütig zeigt. Durch solches **Beschwichtigungsverhalten** versucht er weitere Aggressionen von sich abzuwenden. Als Beschwichtigung wirken aber auch das Händereichen oder das Entschuldigen. Im Rahmen von ge-

6 Streitende Schüler

Erwachsen werden

sellschaftlichen Ritualen dienten auch Grußzeremonien wie Kniefall, Handkuss oder Verneigungen ursprünglich als Zeichen der Beschwichtigung und Unterwerfung.

Gelegentlich kommt es dazu, dass einzelne Mitschülerinnen oder Mitschüler gehänselt oder ausgelacht werden, wenn sie sich durch ihr Verhalten oder äußere Merkmale von den anderen abheben. Sie können zum Beispiel wegen ihrer Haarfarbe, der Kleidung, einer anderen Lebenseinstellung oder einer anderen Religionszugehörigkeit leichtfertig Opfer von Spott oder Mobbing werden. Diese *Aggression gegen Außenseiter* und die damit verbundene ungerechtfertigte Diskriminierung führt zu sozialen Spannungen innerhalb einer Klassengemeinschaft.

Die Frage nach Ursachen von Aggression des Menschen können die Forschungsergebnisse aus Psychologie und Verhaltensforschung nicht einheitlich beantworten. Doch weisen viele Ergebnisse darauf hin, dass jedem Menschen eine gewisse Bereitschaft zu aggressivem Verhalten angeboren ist. Bei der Ausprägung von Aggressionen sind ererbte und erlernte Anteile vermischt. Jeder kann daher sein Aggressionsverhalten beeinflussen und kontrollieren.

Da niemand völlig frei von Aggressionen ist, sind Streitsituationen unvermeidbar. Ein Streit lässt sich aber auch ohne körperliche Gewalt nur mit Worten, Mimik und Gestik austragen. Der bewusste Verzicht auf den Einsatz körperlicher Gewalt ist auch eine Voraussetzung dafür, dass extreme Formen der Aggressionen, wie sie z. B. Kriege darstellen, zurückgedrängt werden können. So versuchen einige ihre Aggression zum Beispiel durch Meditation abzubauen und zu kanalisieren. Andere dagegen reagieren Aggression durch körperliche Betätigung oder Aktivität im Rahmen von sportlichen Regeln ab. Auch durch den Rhythmus beim Laufen oder Tanzen kann man Aggressionen abarbeiten. Aggressionen lassen sich

8 Abbau von Aggressionen

auch dadurch steuern, dass man aufgestauten „Frust" und Ärger in andere Aktivitäten als körperliche Gewalt „umleitet". Auch in anderen Kulturen haben Menschen Möglichkeiten gefunden, Aggressionen abzubauen, ohne dass es zu schweren Auseinandersetzungen kommt. Bei den Inuit („Eskimos") z. B. werden Auseinandersetzungen durch Ringkämpfe oder Ohrfeigen nach festen Regeln beigelegt. Einige Stämme tragen Streitigkeiten mithilfe von Gesangsduellen ohne körperlichen Einsatz aus.

9 Gemeinsames Lernen

> Im Zusammenleben kann man Verhaltensweisen wie Wandkontaktverhalten, Besitzverhalten, Territorialverhalten und Individualdistanz beobachten. In Gemeinschaften beobachtet man Aggressionsverhalten in Form von Imponieren, Drohen und Beschwichtigen. Man kann lernen, mit Aggression umzugehen und sie ohne den Einsatz körperlicher Gewalt abbauen.

1 Nenne Beispiele für Wandkontaktverhalten, Besitzverhalten, Territorialverhalten und Individualdistanz. Führe hierzu Beobachtungen zu Verhaltensweisen im Zusammenleben der Menschen zum Beispiel auf Kinderspielplätzen, in der Schule, in Parkanlagen, Schwimmbädern, Einkaufszentren … durch.
2 Betrachte Abb. 4. Nimm Stellung zum Verhalten des Motorradfahrers.
3 Suche aus gesammelten Bild- oder Zeitungsberichten Beispiele für Aggressionsverhalten aus und erstelle eine Collage.
4 Wie versuchst du, mit Wut oder „Frust" umzugehen? Nenne Beispiele und berichte.

7 Beschwichtigung

Erwachsen werden

Verhaltensbeobachtungen in der Schule

Übung

A1 Reviere auf dem Schulhof

Meist halten sich Schülerinnen und Schüler einzelner Klassen oder Klassenstufen während der Pausen in Kleingruppen stets an den gleichen Stellen des Schulhofes auf.
a) Beobachte in mehreren Pausen, welche Gruppen welche Plätze des Schulhofes bevorzugen.
b) Fertige eine Skizze über solche „Reviere" auf dem Schulhof an.
c) Halte dich bewusst in einem „Revier" auf, das ansonsten von anderen Schülerinnen und Schülern während der Pausen oder auch im Klassenraum eingenommen wird. Lass dich dabei von Mitschülerinnen oder Mitschülern beobachten. Brich den Versuch ab, bevor Streit entsteht.
d) Auf welche Weise haben die „Revierinhaber" auf dein Eindringen reagiert?

A2 Körpersprache bei Streit

Achte auf Auseinandersetzungen auf dem Schulhof.
a) Beobachte die beiden Rivalen.
b) Mit welchen Verhaltensweisen versuchen sich die Rivalen einzuschüchtern und zu drohen? Achte besonders auf Mimik, Körperhaltung und Stimme der Rivalen während des Streites.
c) Kannst du während der Auseinandersetzung bei den Rivalen Zeichen von Beschwichtigung erkennen? Beschreibe.
d) Beschreibe die unterschiedlichen Reaktionen der anderen Zuschauer im Verlauf der Auseinandersetzung.

A3 Rollenspiel – Streit und Streitschlichtung

> **Konfliktbeschreibung**
>
> Linda und Jan sitzen in einer Klasse hintereinander. Seit Wochen versucht Jan bei jeder möglichen Gelegenheit seine Mitschülerin zu ärgern und zu provozieren. Er wirft zum Beispiel Radiergummistückchen in ihre Haare, versteckt Gegenstände von ihr und macht Bemerkungen über sie oder versucht sie lächerlich zu machen. In der Sportstunde spielen beide in einer Mannschaft. Jan ist ein guter Volleyballspieler, doch Linda gibt mit Absicht keinen Ball an Jan weiter. Ihre Mannschaft verliert das Volleyballturnier. Jan ist sehr wütend über Lindas Verhalten beim Spiel und schreit sie nach der Sportstunde an. Beide beginnen einen Streit und Linda versucht, Jan ihre Verhaltensweise klarzumachen.

a) Lest die Konfliktbeschreibung und diskutiert, welche Absichten und Wünsche die am Konflikt beteiligten Personen haben könnten.
b) Bildet Gruppen und wählt eine der am Konflikt beteiligten Personen aus, deren Rolle ihr in einem Rollenspiel spielen möchtet. Diskutiert aus der Sicht der Person Argumente zur sinnvollen Lösung des Konfliktes. Bestimmt nun, wer welche Rolle spielt.
c) Aus den entsprechenden Gruppen tragen zwei Spieler den Konflikt in einem Rollenspiel vor. Die übrigen Schülerinnen und Schüler beobachten den Verlauf des Rollenspiels mit folgenden Fragen: Wie verhalten sich die Spielerinnen und Spieler? Wie lauten die Argumente? Gehen die Streitenden auf die Argumente des anderen ein? Findet sich eine gemeinsame Lösung oder setzt sich eine Person durch?
d) Nach dem Rollenspiel äußern sich die Rollenspielerinnen und Rollenspieler, wie sie sich in ihrer Rolle gefühlt haben.
e) Die Beobachterinnen und Beobachter beurteilen, wie die jeweiligen Rollen ausgefüllt wurden und der Konflikt gelöst wurde.
f) Bestimmt eine Person als Streitschlichter, der während des nächsten Rollenspiels versuchen soll, den Konflikt zu schlichten. Spielt den Konflikt in anderer Rollenbesetzung mit einem Streitschlichter noch einmal durch.
g) Auf welche Weise hat es der Streitschlichter erreicht, zwischen den beiden Rivalen zu vermitteln? Was sagen die Rivalen zu dem Ergebnis?
h) Diskutiert Möglichkeiten, Ursachen für Streit im Alltag zu vermeiden und Streit zu schlichten.
i) Berichtet aus eurer Erfahrung über weitere Anlässe zu einem Streit. Erstellt dazu jeweils eine kurze Konfliktbeschreibung. Spielt die Situation in einem Rollenspiel mit und ohne Streitschlichter.

Erwachsen werden

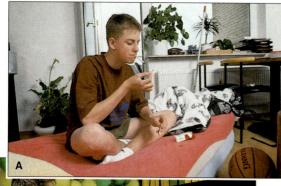

1 Suchtverhalten

4 Sucht und Drogen

4.1 Sucht hat viele Gesichter

„Morgens brauche ich erst mal eine Zigarette, um richtig wach zu werden." Bestimmt hat jeder schon eine ähnliche Äußerung gehört, ohne dabei an Drogen oder Sucht zu denken. Jede Zigarette enthält jedoch eine Droge: das Nikotin. **Drogen** sind Stoffe, die auf Nerven und Organe einwirken und dadurch unsere Wahrnehmungsfähigkeit, Stimmungen und Reaktionen verändern. Wenn Menschen immer wieder bestimmte Stoffe konsumieren, um eine gewünschte Wirkung zu erzielen, spricht man von **Suchtverhalten.** Ohne die Droge treten *Entzugserscheinungen* auf. Der Mensch ist körperlich und meist auch seelisch abhängig. Körperliche Abhängigkeiten kennen wir von Rauchern, Tabletten- und Heroinsüchtigen und Alkoholikern. Der Besitz und Konsum einiger schädlicher Stoffe ist gesetzlich verboten. Man spricht dann von *illegalen Drogen*.

Es gibt aber auch Süchte, die an keinen Stoff gebunden sind und die nur durch das Verhalten des betroffenen Menschen deutlich werden. Wer z. B. den ganzen Tag bis in den späten Abend hinein arbeitet, sich keine Freizeit mehr gönnt und Freundschaften vernachlässigt, ist arbeitssüchtig. Auch Verhaltensweisen wie Fernsehen, Putzen oder Glücksspiel können sich zur Sucht entwickeln. Die Betroffenen leiden zusätzlich unter sozialen und finanziellen Folgen.
Wenn Süchtige den festen Wunsch haben, „clean" zu werden, ist die Aussicht auf einen erfolgreichen Ausstieg am größten. In Zeiten der körperlichen Entgiftung und der seelischen Entwöhnung brauchen sie ständig intensive Betreuung, um ihren Alltag ohne das Suchtmittel zu meistern.

> Menschen, die an einer Sucht leiden, haben ein krankhaft gesteigertes Verlangen, einen bestimmten Stoff zu konsumieren oder ein bestimmtes Verhalten zu wiederholen.

1 Beschreibe die Situationen in der Abb. 1. Was erwarten die Menschen jeweils von der „Droge"?
2 Nenne Beispiele für legale und illegale Drogen.
3 Nenne Beispiele von Süchten, die an Stoffe gebunden sind und solche, die nicht an Stoffe gebunden sind.
4 Wie könnte sich ein normal arbeitender Mensch zu einem Arbeitssüchtigen entwickeln? Beschreibe!

Erwachsen werden

SÜCHTE?

Pinnwand

Michael setzt sich regelmäßig an den Computer, wenn er Informationen für ein Referat, über einen neuen Kinofilm oder einfach eine Fahrplanauskunft sucht. Er freut sich, wenn er im Internet etwas Passendes findet.

Sven sitzt oft stundenlang am Computer und chattet. Darüber vergisst er seine Aufgaben und seine Freunde. Wenn er nicht an den Computer kann, ist ihm oft schrecklich langweilig.

Helge probiert auf der Suche nach dem ultimativen Kick immer Neues, immer Tolleres – und gibt für Bungee-Sprünge viel Geld aus.

Sybille ist Langstreckenläuferin und trainiert jeden Tag. Ihr Körper hat sich den Belastungen angepasst, ihre Lunge und ihr Herzmuskel haben sich vergrößert. Wenn Sybille mehrere Tage nicht trainieren kann, hat sie manchmal Kreislaufprobleme.

Auf der Jagd nach „Schnäppchen" gerät Franziska in Kaufrausch und verlässt den Laden erst, nachdem ihr Geldbeutel leer ist.

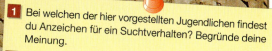

1 Bei welchen der hier vorgestellten Jugendlichen findest du Anzeichen für ein Suchtverhalten? Begründe deine Meinung.

2 Wo liegt eine körperliche, wo eine psychische Gewöhnung vor?

Erwachsen werden

1 Wochenendparty

4.2 Alkohol kann süchtig machen

Endlich ist Wochenende: Zeit, den Alltagsstress zu vergessen und mit anderen zu feiern. Um schnell in Stimmung zu kommen, gehört für viele Menschen der Genuss von alkoholischen Getränken dazu. Alkohol verteilt sich in kurzer Zeit über das Blut im gesamten Körper und löst vielfältige Reaktionen aus. Dabei kann man die Wirkung von Alkohol für den Einzelnen nicht vorhersagen. Sie ist abhängig von der Grundstimmung des Menschen, von der Alkoholmenge, dem Körpergewicht, dem Geschlecht und der vorher aufgenommenen Nahrung. Alkohol beeinträchtigt auf jeden Fall das zentrale Nervensystem, sodass man sich häufig überschätzt und sein Verhalten nicht mehr kontrollieren kann. Beim Autofahren wird das besonders deutlich. Obwohl die Reaktionsgeschwindigkeit durch den Alkohol vermindert ist, fühlen sich viele „stark" und fahren mit erhöhter Geschwindigkeit. Wer bemerkt, dass er immer wieder Alkohol braucht, um gut drauf zu sein oder sich entspannen zu können, gerät in Gefahr, abhängig zu werden. Regelmäßiger Alkoholkonsum schädigt die Leber. Sie kann die Entgiftungsarbeit nicht mehr leisten und schrumpft schließlich. Aber auch die Gehirnfunktionen lassen bei einem Alkoholiker immer mehr nach.

bis 0,5‰

entspannt, redselig, leichte Gehstörungen und Konzentrationsschwäche

0,5 – 1,5‰

Gleichgewichtsstörungen, Selbstüberschätzung, Lallen, Fahruntüchtigkeit

1,5 – 3‰

Rausch, Gedächtnisstörungen, verlängerte Reaktionszeit, Müdigkeit, Übelkeit

2 Wirkungen des Alkohols

> Alkohol ist ein Genussmittel mit Giftwirkung. Alkohol verändert das Verhalten, schädigt die Organe und kann süchtig machen.

1 Mache eine Umfrage in deiner Klasse.
a) Bei welcher Gelegenheit wird Alkohol getrunken?
b) Welche Gründe werden für den Alkoholgenuss am häufigsten angegeben?
c) Warum lehnen es einige ab, Alkohol zu trinken?

2 Der ungefähre Promillegehalt im Blut lässt sich nach einer Formel berechnen:

$$\frac{\text{Alkoholmenge in g}}{\text{Körpergewicht in kg}} \cdot K$$

K für Männer: 0,7, für Frauen: 0,6.

a) Berechne den Promillewert für einen 80 kg schweren Mann bzw. eine 50 kg schwere Frau, wenn beide 3 große Glas Bier und einen Schnaps (insgesamt 45 g Alkohol) trinken.
b) Unfälle als Folge von Alkoholmissbrauch geschehen vorwiegend am Wochenende und während der Nachtstunden. Erkläre.

Erwachsen werden

REZEPTE – GESUND UND OHNE ALKOHOL

Pinnwand

„... für Zwischendurch"
Bananen-Dickmilch

150 g Dickmilch; 1 Teelöffel Honig; 3 Esslöffel Haferflocken; kleine Banane

Zerquetsche die Banane und vermische dann alle Zutaten miteinander.

„... für die Party"
Erdbeerbowle (für ca. 20 Gläser)

1 kg Erdbeeren; 2 Flaschen weißen Traubensaft; 3 Flaschen klaren Apfelsaft; 1 Zitrone; Eiswürfel

Wasche die Erdbeeren und stückle sie. Nimm ein großes Gefäß, gib die Erdbeeren hinein und fülle den Trauben- und Apfelsaft dazu. Verziere die Gläser mit einer Zitronenscheibe am Rand und gib zwei Eiswürfel hinzu.

„Kühles aus der Bar"
– ein Milch-Flip

2/3 Tasse Vollmilch; 1/3 Tasse Himbeeren oder Erdbeeren; Kugel Vanilleeis; Trinkhalme

Rühre die Früchte unter die Milch. Gib eine kleine Kugel Vanilleeis hinzu. Serviere das Getränk mit einem Strohhalm.

"Fit for school"
– ein Pausenbrot

Vollkornbrötchen oder Vollkornbrotscheiben kannst du mit folgenden Zutaten abwechslungsreich belegen: Salatblatt, hart gekochtes Ei, Tomaten- und Gurkenscheiben, Kochschinken, etwas Jogurt.

„Fit durch..."
Drei-Korn-Müsli – ein Energiespender für den Vormittag (für vier Personen)

je 4 Esslöffel Hafer, Weizen und Buchweizen; 1/4 Liter kaltes Wasser; 4 Mandarinen; 2 Äpfel; 2 Bananen; 1 Teelöffel Honig; 2 Esslöffel Korinthen; 4 Esslöffel Jogurt; Getreidemühle

Die Getreidekörner sollen frisch in einer Getreidemühle grob gemahlen werden. Man sagt dazu „geschrotetes Mehl". Dieses kannst du auch in Naturkostläden erhalten. Rühre den Getreideschrot in das Wasser. Lass den Getreideschrot über Nacht zugedeckt an einem kühlen Ort quellen. Am nächsten Tag kannst du das kleingeschnittene Obst und die anderen Zutaten in den Brei geben.

„Teatime"
Mixgetränk für ca. 4 Gläser

4 Gläser Hagebuttentee; 1/2 Tasse Zitronensaft; 2 Teelöffel Honig

Mische den Hagebuttentee mit dem Zitronensaft und verrühre darin den Honig. Lasse ihn kalt werden.

Erwachsen werden

1 Zu dick oder zu dünn?

normal weiter, ist das Anfangsgewicht schnell wieder erreicht und wird oft sogar überschritten. Dieser *Jojo-Effekt* führt zu weiteren Diäten und erneuter Gewichtszunahme.

Wer schlank werden oder bleiben will, sollte auf fettreiche Lebensmittel möglichst verzichten. Regelmäßige sportliche Bewegung verbraucht zusätzlich Energie und verhindert eine Gewichtszunahme. Das Wichtigste aber ist, dass jeder Einzelne sich mit seinem Körpergewicht wohl fühlt.

Manchmal führt der Wunsch, schlank zu sein, zu einem extremen Essverhalten. Die Betroffenen verweigern weitgehend die Nahrungsaufnahme und vermindern zusätzlich durch extreme sportliche Betätigung ihr Körpergewicht. Hierbei handelt es sich um eine ernst zu nehmende Erkrankung, die **Magersucht,** bei der es wegen des starken Untergewichts zu lebensbedrohlichen Zuständen kommen kann. Meist sind erhebliche psychische Probleme in der Familie die Ursache für ein solches Verhalten.

Das gilt auch für die **Bulimie.** Bulimiker legen große Vorräte an Lebensmitteln an, die sie dann bei Fressanfällen unkontrolliert in unvorstellbaren Mengen in sich hineinstopfen. Danach wird alles wieder erbrochen – möglichst so, dass niemand etwas davon bemerkt. Solche Menschen leiden seelisch und körperlich sehr unter ihrer Ess- und Brechsucht. Sie brauchen genau wie die Magersüchtigen fachliche Hilfe, um ihre Probleme zu bearbeiten und zu einem gesunden Essverhalten zurückzufinden.

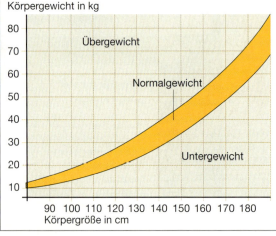

2 Toleranzbereiche für das Körpergewicht von Jugendlichen von 3–17 Jahren

4.3 Zu dick – zu dünn?

Viele junge Mädchen haben in einem bestimmten Alter das Problem, sich zu dick zu fühlen. Durch die Hormone in der Pubertät werden die Hüften breiter und das Fettgewebe am Gesäß und den Oberschenkeln nimmt zu. Das ist ein ganz normaler Vorgang. Doch in Modezeitschriften und in der Werbung werden nur superschlanke Models gezeigt, denen viele junge Leute nacheifern. Schlankheit wird oft gleichgesetzt mit Erfolg, Schönheit und Beliebtheit. Häufig versuchen Jugendliche mit Radikaldiäten den hormonell bedingten Fettansatz zu verhindern. Doch der Körper stellt sich schnell auf geringe Nahrungsmengen ein und nutzt sie besser aus. Isst man dann nach der **Diät**

> Jeder Mensch kann durch sein Essverhalten dazu beitragen, ein Gewicht zu erreichen, bei dem er sich wohl fühlt und seiner Gesundheit nicht schadet.

1 Überprüfe mithilfe der Abb. 2, ob du dich mit deinem Körpergewicht im Normalbereich befindest.
2 Zähle Gründe auf, die zum Übergewicht führen.
3 Erwachsene können ihr Körpergewicht nach dem Body-Mass-Index (BMI) bewerten. Er wird so berechnet:
$$\frac{\text{Körpergewicht in kg}}{(\text{Körpergröße in m})^2} = \text{BMI}.$$
Das Ergebnis sollte im Bereich zwischen 20–25 liegen. Berechne den BMI von dir bekannten Erwachsenen und vergleiche.

Erwachsen werden

ESSSTÖRUNGEN

Pinnwand

Per, 22 Jahre, Student

Wir waren nach außen hin eine Familie, in der alles stimmte. Über Gefühle wurde aber wenig gesprochen, Schwächen durfte keiner zeigen. In mich als Sohn wurden hohe Erwartungen gesteckt. In der Schule und im Studium musste alles glatt gehen.
Mein heimliches Essen durchbrach die Ordnung. Ich gab mich meinem Hunger nach irgendetwas hin und steckte mein ganzes Geld in Essen, das ich heimlich herbeischaffte. Lange Zeit verbrachte ich im Bad und ließ das Wasser laufen, damit keiner merkte, wenn ich mich übergab. Das ging fast zwei Jahre so. Eigentlich bin ich erst davon losgekommen, als ich meine feste Freundin kennen lernte. Von ihr fühle ich mich angenommen, so wie ich bin – auch als Mann.

Zeichnung von Wilhelm Busch

Katharina, 15 Jahre, Schülerin

Ich wollte bleiben, wie ich war: klein, zierlich und unbesorgt. Als ich in die Pubertät kam, dachte ich, ich gehe völlig aus dem Leim. Ich achtete streng auf die Kalorien, um mein Gewicht unter Kontrolle zu bringen. Ich magerte immer mehr ab. Trotzdem kam ich mir noch immer viel zu dick vor. Deshalb hungerte ich weiter. Gelegentliche Heißhungeranfälle betrachtete ich als Schwäche und gab mich ihnen immer seltener hin. Es bereitete mir regelrecht Freude, wenn meine Eltern sich um meine Gesundheit sorgten. „Mit meinem Körper mache ich, was ich will", dachte ich und merkte gar nicht, wie ich mir schadete. Nach einem Kreislaufzusammenbruch war ich eine Zeitlang in der Klinik. Ohne die regelmäßige psychologische Betreuung hätte ich wahrscheinlich allein keinen Weg zu mir selbst gefunden.

Marlis, 17 Jahre, Auszubildende

Solange ich denken kann, bekam ich von meinen Großeltern und von meiner Mutter Süßigkeiten als Belohnung oder als „Trostpflaster" zugesteckt. Später habe ich gegessen, wenn ich „Hunger nach Freundschaft" oder einfach nach gemeinsamen Unternehmungen mit anderen hatte. Satt, fett und träge habe ich mich immer weiter zurückgezogen. Als ich mit der Lehre anfing, lernte ich Petra kennen, der es ähnlich ging wie mir. Sie nahm mich mit zu den Treffen ihrer Selbsthilfegruppe. Dort konnten wir über vieles reden und uns gegenseitig bei unserem Bemühen unterstützen, ein normales Verhältnis zum Essen zu finden.

1 Unter welchen Essstörungen litten die drei jungen Leute?

2 Worin sehen die Betroffenen die Ursachen für ihr gestörtes Essverhalten?

3 Welche verschiedenen Wege aus der Sucht fanden Marlis, Per und Katharina?

4 Begründe, warum du Erfahrungsberichte nur von Personen findest, die ihre Sucht im Wesentlichen bereits überwunden haben.

Erwachsen werden

3.4 Verantwortungsvoller Umgang mit Arzneimitteln

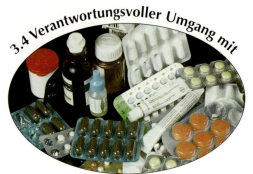

Martin fühlt sich unwohl, er schreibt heute eine Englischarbeit; vielleicht helfen Beruhigungstabletten. – Katrin leidet an Bauchschmerzen; in der Hausapotheke findet sie ein Schmerzmittel. – Maria hat schon lange Schnupfen; sie nimmt regelmäßig Nasentropfen. Welche Medikamente hast du in letzter Zeit genommen?

Verlockend klingen die Aussagen der Arzneimittelwerbung, die eine schnelle Beseitigung von Krankheitssymptomen versprechen. Dabei kannst du leichte Beschwerden wie Kopfschmerzen oder Erkältungen oft schon durch ausreichend Schlaf, frische Luft, Spaziergänge oder mit Heilkräutern lindern. Manchmal ist es am einfachsten, die Beschwerden auszuhalten und am nächsten Tag ist alles wieder in Ordnung. Dennoch sind Medikamente für bestimmte Krankheiten unerlässlich oder gar lebensnotwendig, z. B. das Insulin für einen Zuckerkranken. Medikamente können Krankheitserreger bekämpfen, Fieber senken, Nerventätigkeiten beeinflussen, z. B. Schmerzen lindern oder Schlaf ermöglichen, und fehlende Körperstoffe wie Hormone ersetzen. Kaum jemand denkt aber daran, dass jedes wirksame Medikament auch Nebenwirkungen hat. Deshalb solltest du stets Reaktionen deines Körpers auf ein Medikament beobachten. Wenn du Arzneimittel aber den Vorschriften entsprechend einnimmst, schränkst du die Risiken auf ein geringes Maß ein. Auch mit scheinbar harmlosen Medikamenten solltest du aber nie leichtfertig umgehen. So macht z. B. der Dauergebrauch von Nasentropfen abhängig und trocknet die Schleimhäute aus. Abhängigkeit kann auch die häufige Einnahme von Schmerz- und Abführmitteln verursachen. Noch schneller geht das bei Aufputsch-, Schlaf- und Beruhigungsmitteln. Ihre Dauereinnahme führt schon nach wenigen Wochen und in geringen Dosierungen zu Unrast, Schlaflosigkeit und Abhängigkeit. Damit entsteht ein Teufelskreis der notwendigen Einnahme dieser Medikamente: morgens Aufputschmittel, abends Schlafmittel.

Martin fühlt sich in letzter Zeit nicht nur unwohl, er hat auch öfter Kopfschmerzen oder Magenbeschwerden. Manchmal kann er sich auch nicht richtig konzentrieren. Dabei möchte er doch immer gute Zensuren bekommen. Besorgt schicken ihn die Eltern zum Arzt. Verschiedene Untersuchungen ergeben keinen Befund. Um die Beschwerden zu lindern, bekommt Martin Medikamente verschrieben. Trotzdem geht es ihm nicht besser und die Anzeichen treten sogar häufiger auf. So wie Martin ergeht es immer mehr Jugendlichen. Oft führen eigene hohe Ansprüche oder die Erwartungen der Eltern an die Leistungen in Schule und Beruf zu tiefen Problemen, die sich in solchen körperlichen Beschwerden äußern können. Dem kannst du vorbeugen, wenn du deine Probleme ehrlich mit Eltern, Freunden oder Lehrern besprichst.

> Arzneimittel können gegen Krankheiten wirken, aber auch krank machen. Deshalb sollte man verantwortungsvoll mit ihnen umgehen.

Beschwerden		Häufigkeit	Medikamenteneinnahme
Müdigkeit	♀	79 %	2 %
	♂	69 %	2 %
Nervosität/Unruhe	♀	64 %	2 %
	♂	60 %	2 %
Kopfschmerzen	♀	73 %	20 %
	♂	58 %	12 %
Magenschmerzen	♀	57 %	6 %
	♂	42 %	3 %
Kreislaufbeschwerden	♀	51 %	8 %
	♂	26 %	2 %

1 Befragungsergebnisse über Beschwerden von jungen Leuten zwischen 12 und 25 Jahren (Auszug)

1 Schreibe auf, in welchen Situationen oder bei welchen Gelegenheiten du Medikamente nimmst. Überlege, auf welche du verzichten könntest.

Erwachsen werden

Pinnwand

MEDIKAMENTENMISSBRAUCH

Medikamente, die leicht süchtig machen.

Nasentropfen
für Erwachsene und Schulkinder

GEBRAUCHSINFORMATION
Zusammensetzung
100 g Lösung enthalten:

Nebenwirkungen
In einzelnen Fällen kann es nach Abklingen der Wirkung zu einer verstärkten Schleimhautschwellung kommen. Längerer oder häufigerer Gebrauch kann zu Brennen oder Trockenheit der Nasenschleimhaut führen.
Sehr selten treten Kopfschmerzen, Schlaflosigkeit, Herzklopfen oder Blutdruckanstieg auf.

Dosierungsanleitung
Wenn vom Arzt nicht anders verordnet, nehmen Erwachsene

Warnhinweis
Die Nasentropfen sollten nicht länger als 5 - 7 Tage angewendet werden, es sei denn auf ärztliche Anordnung. Dauergebrauch schleimhautabschwellender Schnupfenmittel kann zu chronischer Schwellung und schließlich zum Schwund der Nasenschleimhaut führen.

Stuttgart. Eine kürzlich veröffentlichte Studie, die an Schulen aller Schulformen durchgeführt wurde, brachte Erschreckendes zu Tage. Danach hat fast die Hälfte aller Schülerinnen und Schüler schon einmal ein Medikament eingenommen, um die schulische Leistungsfähigkeit zu steigern. Selbst viele Grundschüler machten bereits Erfahrungen mit Medikamenten, die die Konzentration verbessern sollen. Nicht selten verschrieben Ärzte Schülern Tabletten, um den „Zappelphilipp" zu beruhigen.

Rohlsdorf. Der bekannte Großf...

Tina, 21 Jahre

Ich litt häufig unter Kopfschmerzen. Der Arzt hat mir ein Schmerzmittel verschrieben. Wenn ich die Tabletten nahm, fühlte ich mich wohl, nahm ich sie nicht, ging es mir schlecht. Mit der Zeit musste ich immer mehr Tabletten nehmen, um die Kopfschmerzen noch ertragen zu können.

1. Welche Nebenwirkungen kann bereits ein einfaches Schnupfenmittel bei längerem Gebrauch haben? Erläutere.
2. Welches Problem wird in dem Zeitungsartikel angesprochen?
3. Finde heraus, zu welchen Themenbereichen Beipackzettel von Medikamenten Informationen enthalten. Vergleiche dazu zwei bis drei Medikamente aus eurer Hausapotheke.
4. Wie hat Tina bemerkt, dass sie abhängig von Tabletten war?

Erwachsen werden

4.5 Mit Drogen zum Glück?

Love-Parade in Berlin: Aus den Boxen schallt laute Techno-Musik, während sich Tausende von Menschen tanzend und feiernd durch die Straßen treiben lassen. Sie wollen alles ganz intensiv erleben und nichts verpassen. Deshalb gehört es für viele Menschen dazu, mithilfe von Drogen wie *Ecstasy* das Erlebnis zu steigern.

Wenn die Wirkung der Droge eintritt, fühlen sie sich mit der Musik vereint und von allen Mitmenschen geliebt. Stundenlang können sie mit anderen reden und tanzen, ohne müde zu werden und ohne Hunger und Durst zu verspüren. Dieses Glücksgefühl wird durch die künstlich hergestellten Inhaltsstoffe von Ecstasy hervorgerufen, die direkt im Gehirn die Wahrnehmungen und Stimmungen beeinflussen. Manchen Menschen genügt das alles noch nicht. Sie konsumieren auch noch *Alkohol, Haschisch* oder andere Drogen.

Manchmal kommt man nach Einnahme von Ecstasy nicht mehr zur Ruhe, kann nicht schlafen und sich nicht erholen. Dann werden häufig Schlaf- und Beruhigungsmedikamente genommen.
Klingt der Rauschzustand nach Stunden ab, fühlt man sich wie gerädert, die Muskulatur zittert und wer lange nichts getrunken hat, muss sogar Nierenversagen befürchten. Es kann auch zu plötzlichem Blutdruckabfall, Schwindel und Übelkeit kommen.

Trotz dieser lebensbedrohlichen Nachwirkungen suchen einige immer wieder diesen „Kick".

1 Love-Parade in Berlin

Das ganze Denken und Streben richtet sich dann nur noch auf den Erwerb und Konsum solcher Stoffe. Süchtige können nicht mehr unterscheiden, welche Gefühle in ihnen echt sind und welche künstlich erzeugt werden. So verändert das Suchtmittel im Laufe der Zeit die Persönlichkeit. Das Risiko für die eigene Gesundheit wird nicht mehr wahrgenommen und Konflikte im Alltag bleiben ungelöst.

In Schule und Beruf können solche abhängigen Menschen keine Leistung mehr erbringen. Zusätzlich werden die Beziehungen zu Freunden und zur Familie häufig aufgegeben, während die Geldbeschaffung für die Drogen im Vordergrund des täglichen Lebens steht. Kriminelle Handlungen und Prostitution sind nicht selten die Folge.
Gerade Jugendliche, die etwas erleben wollen und bereit sind, vieles auszuprobieren, sind anfällig für die Drogensucht.

> Jeder, der Drogen konsumiert, geht das hohe Risiko ein, seine körperliche und seelische Gesundheit aufs Spiel zu setzen.

1 Drogen können für eine begrenzte Zeit „angenehme" Gefühle vortäuschen.
a) Beschreibe den Zusammenhang zwischen steigendem Drogenkonsum und der Gesundheit.
b) Wann ist jemand besonders gefährdet, ein Leben mit Drogen zu führen?
2 Beschreibe Situationen aus deinem Alltag, in denen du dich rundum wohl gefühlt hast.

Erwachsen werden

ILLEGALE DROGEN

Pinnwand

Opiate

Opium — Morphium — Codein — Heroin

Herkunft: Aus dem Milchsaft des Schlafmohns wird Opium gewonnen. Daraus werden Morphium, Codein und Heroin hergestellt.
Anwendung: geraucht, gespritzt, inhaliert; Morphium und Codein werden auch legal als Medikamente verwendet
Wirkung: zuerst starkes Glücksgefühl, dann beruhigend, einschläfernd, schmerzstillend; erzeugt Gleichgültigkeit gegenüber Alltagsproblemen
Risiken: schnell eintretende seelische und körperliche Abhängigkeit; Infektionsgefahr durch unsaubere Spritzen mit Hepatitis (Leberentzündung) und HIV (AIDS); vielfältige körperliche Schäden, Gefahr der kriminellen Handlungen zur Geldbeschaffung

Cannabis-Produkte (Haschisch, Marihuana)

Herkunft: aus Blättern, Blüten oder Harz der indischen Hanfpflanze (Cannabis)
Anwendung: geraucht mit Tabak vermischt, als Tee getrunken, in Plätzchen verbacken
Wirkung: je nach Stimmung positive oder negative Verstärkung; Entspannung; veränderte Wahrnehmung von Tönen, Zeit und Raum
Risiken: seelische Abhängigkeit; verminderte Konzentrations- und Leistungsfähigkeit; Depressionen; Übergang zu anderen Drogen

Designer-Drogen

Herkunft: ausschließlich künstlich im Labor hergestellt
Anwendung: meist geschluckt in Pillenform
Wirkung: Glücksgefühl; erhöhte Kontaktbereitschaft; Harmoniegefühl mit der Umwelt; fehlende Müdigkeit; intensives Erleben; Appetitverlust; Unruhe; Harndrang
Risiken: seelische Abhängigkeit; Halluzinationen; Erbrechen; Kreislaufversagen; Austrocknung des Körpers; bleibende Nervosität; Schädigung des Gehirns; psychische Krankheiten

[1] Wie erklärst du dir, dass manche Haschischraucher mit der Zeit zu anderen stärkeren Drogen übergehen?

[2] Nach einem körperlichen Entzug ist es für viele Drogensüchtige schwer, wieder ein „normales" Leben zu führen. Welche Probleme können sich in Schule und Beruf oder mit ehemaligen Freunden ergeben?

Erwachsen werden

Pinnwand

PROJEKT: SUCHT

Wahl des Themas und der Arbeitsmethode, Gruppen bilden

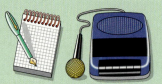
Interview führen

Experten einladen und besuchen

Material beschaffen, Experiment vorbereiten, Vortrag halten

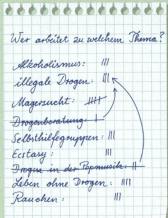

Arbeiten am Computer, Infos suchen, Dokumentation erstellen

Dokumentation der Arbeitsergebnisse

Künstlerische Aktivitäten   Spielerisches und Sportliches

Tipps zur Projektarbeit

- Bildet Arbeitsgruppen zu 2 - 5 Schülern, die zu einem gemeinsamen Thema ein Projekt selbstständig planen und durchführen.
- Stimmt in der Klasse die Projekte aufeinander ab und lasst euch von eurer Lehrerin oder eurem Lehrer beraten.
- Legt das Ziel eures Projektes fest, auch wenn viele Einzelheiten erst im Laufe der Arbeit erwachsen werden.
- Erstellt einen vorläufigen Zeitplan.
- Sucht Kontakte und Hilfen außerhalb der Schule oder ladet Experten (z. B. auch Eltern) in die Schule ein.
- Einigt euch in der Gruppe, wie ihr die Präsentation eurer Ergebnisse gestalten wollt.
- Arbeitet im Team, d. h. jeder übernimmt Aufgaben und ist für das Gelingen des Projektes mitverantwortlich.

Suchmaschinen:
...
Stichwörter
Essstörungen
Magersucht
...
Links
www.bzga.de
www.dhs.de
www.dge.de
...
Selbsthilfegruppen:
Frankfurter Zentrum für Essstörungen
Adressen:

Zum Thema Magersucht stellt die Internetgruppe interessante Web-Seiten und Links zusammen.

Erwachsen werden

Eine Schülergruppe besucht das Drogendezernat der Kriminalpolizei. Sie erkunden das Thema „Illegale Drogen in unserer Stadt" und stellen die Ergebnisse später der ganzen Klasse vor.

Ein Team vereinbart ein Treffen mit einem Mitglied der Selbsthilfegruppe „Anonyme Alkoholiker". Das sorgfältig vorbereitete Interview wird aufgezeichnet. Nachher werden wichtige Fragen und Antworten knapp und übersichtlich aufgeschrieben und in der Schülerzeitung veröffentlicht.

Arbeitsplan

Das Team plant einzelne Arbeitsschritte, erstellt einen Zeitplan, verteilt Aufgaben und vereinbart das nächste Treffen.

Durchführung

Die Schülerinnen und Schüler informieren sich, telefonieren, schreiben Briefe und Einladungen, organisieren, malen Plakate, bereiten den Raum vor, ...

Ergebnis

Die Diskussion zum Thema „Leben ohne Drogen" mit Vertretern aus Medizin, Psychologie, Schülerschaft, Lehrerschaft und Eltern wird zu einem vollen Erfolg.

Erwachsen werden

Pinnwand

FUN OHNE DROGEN

Sich fallen lassen

Kannst du dir vorstellen, dich in die Arme deiner Mitschüler fallen zu lassen? Glaubst du, dass die anderen dich auffangen werden? Falls du es ausprobieren kannst: Welches Gefühl hattest du zu Beginn? Wie geht es dir, wenn du zu den „Fängern" gehörst?

Kletterwand

Britta ist schon weit an der Kletterwand nach oben gestiegen. Ein fester Gurt, von dem ein Seil bis nach unten führt, ist um ihren Körper gelegt. Unten steht Bastian. Er hält das Seil fest in seinen Händen und verfolgt jeden Kletterschritt von Britta. Bastian hat gelernt, wie er sich verhalten muss, falls Britta einmal abrutscht. Er weiß aus Erfahrung, dass er sie halten kann. Das ist ein gutes Gefühl für ihn. Wenn Britta nach ihrer Tour wieder unten angekommen ist, werden sie die Rollen tauschen. Klettern ist ein tolles Erlebnis und wirklich Vertrauenssache.

Blindes Vertrauen

Könntest du dich auf ein solches Experiment einlassen? Möchtest du lieber führen oder geführt werden? Wenn du mitgemacht hast: Sprich mit deinem Partner darüber, was für dich angenehm und unangenehm gewesen ist.

1 Beschreibe Verhaltensweisen von Jugendlichen, die mit einem Risiko für ihre Gesundheit verbunden sind.

2 Betrachte die verschiedenen Aktionen auf den Fotos. Wie hoch ist dabei das Risiko für die Betroffenen deiner Meinung nach?

Erwachsen werden

Prüfe dein Wissen

A1 Zeichne eine Tabelle mit den Spalten **Mann** und **Frau**. Fertige jeweils zwei Unterspalten **Geschlechtsorgane** und **sekundäre Geschlechtsmerkmale** an. Trage folgende Begriffe richtig ein: Bartwuchs, Eierstöcke, Brüste, breite Schultern, Gebärmutter, Penis, schmale Schultern, breite Hüften, Scheide, Hoden, tiefe Stimme, schmale Hüften.

A2 Welche Aussagen sind richtig?
Geschlechtshormone
a) steuern die Bildung der Geschlechtsorgane;
b) steuern die Entwicklung der sekundären Geschlechtsmerkmale;
c) werden über das Blut transportiert;
d) werden im Gehirn gebildet;
e) beeinflussen Wünsche, Träume und Verhalten.

A3 Ersetze im Folgenden die Ziffern durch die fehlenden Organe:
a) Weg der weiblichen Eizelle:
① ⇒ ② ⇒ Gebärmutter;
b) Weg der männlichen Samenzellen bei einem Samenerguss:
Nebenhoden ⇒ ③ ⇒ ④.

A4 Welche der folgenden Erkrankungen sind durch Geschlechtsverkehr übertragbar? Salmonellen, Syphilis, Hepatitis B, Akne, AIDS, Filzläuse, Krebs

A5 Ordne nach Mimik und Gestik:
a) Augenbrauen hochziehen;
b) breitbeinig stehen;
c) Arme verschränken;
d) lächeln;
e) Hände vor das Gesicht halten.

A6 Guten Tag, ist hier noch was frei?

Entscheide, welche der folgenden Verhaltensweisen sich in der hier dargestellten Situation beobachten lassen: Wandkontaktverhalten, Territorialverhalten, Individualdistanz, Besitzverhalten, Aggressionsverhalten, Imponierverhalten, Drohverhalten, Gruppenbildung, Beschwichtigungsverhalten.

A8 Es gibt verschiedene Süchte wie Nikotinsucht, Kaufsucht, Alkoholsucht, Heroinsucht, Arbeitssucht, Spielsucht, Sucht nach Süßigkeiten, Medikamentensucht, Computersucht, Fernsehsucht, Esssucht.
a) Ordne sie nach stoffabhängigen und stoffunabhängigen Süchten.
b) Bei welchen Süchten kommt es zu einer körperlichen Abhängigkeit?

A9 Welche Aussagen zur Magersucht sind richtig?
a) Wer weniger als sein Normalgewicht wiegt, ist magersüchtig.
b) Es sind weitaus häufiger Mädchen als Jungen von Magersucht betroffen.
c) Magersüchtige haben im Gegensatz zu Fettsüchtigen keine körperlichen Folgen zu befürchten.
d) Magersüchtige brauchen ärztliche Hilfe.
e) Wer sich oft übergibt ist magersüchtig.

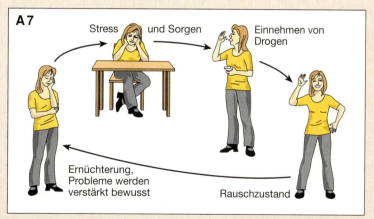

A7

Hier wird der Teufelskreis einer Abhängigen dargestellt. An welcher Stelle könnte dieser Verlauf unterbrochen werden? Begründe deine Aussage.

Körpereigene Abwehr

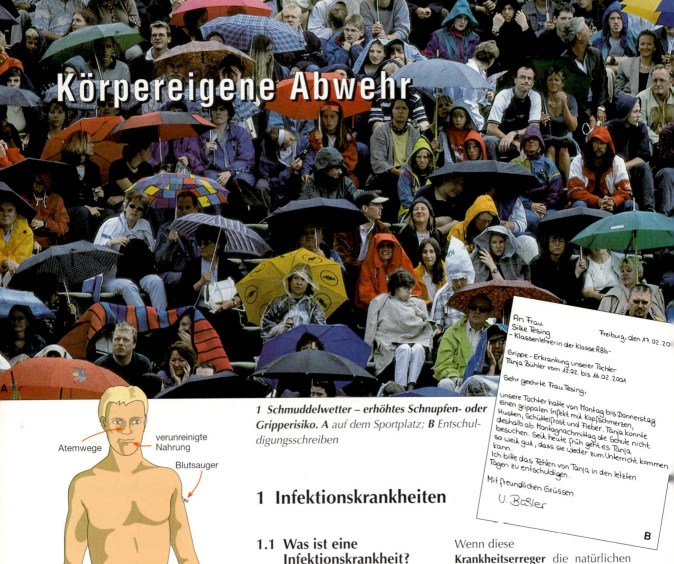

1 Schmuddelwetter – erhöhtes Schnupfen- oder Gripperisiko. **A** auf dem Sportplatz; **B** Entschuldigungsschreiben

1 Infektionskrankheiten

1.1 Was ist eine Infektionskrankheit?

Am Sonntag war Tanja bei einer Sportveranstaltung auf dem Sportplatz. Alle schimpften über das „Schmuddelwetter". Auch Tanja hatte mit sonnigem Wetter gerechnet und war zu dünn angezogen. Während der Veranstaltung fror sie. Am Sonntagabend fühlte sich Tanja müde, matt und musste öfter niesen. „Hast du dir einen Schnupfen geholt?", fragte sie ihr Bruder. Ansteckende Krankheiten, zum Beispiel Schnupfen oder Grippe, sind **Infektionskrankheiten.** Als Krankheitserreger kommen Mikroorganismen wie *Bakterien*, *Viren* oder *Pilze* in Frage. Auch tierische *Einzeller* und *Würmer* sind manchmal die Ursache für ansteckende Krankheiten.

Wenn diese **Krankheitserreger** die natürlichen Schutzeinrichtungen unseres Körpers überwinden und in den Körper eindringen, können sie eine **Infektion** verursachen. Die Wege, auf denen Krankheitserreger in den Körper gelangen, sind sehr unterschiedlich.

Ein häufiger **Infektionsweg** verläuft über die *Atemwege*. Dies ist beispielsweise bei *Grippe* oder *Schnupfen* der Fall. Auch über die *Nahrung* nehmen wir unbemerkt Krankheitserreger auf. Andere Krankheitserreger wie beispielsweise die Larven des Pärchenegels, die in Afrika und Südamerika im Süßwasser leben, dringen durch die Haut in den Körper ein. Der Pärchenegel ist der Erreger der weit verbreiteten Tropenkrankheit *Bilharziose*.

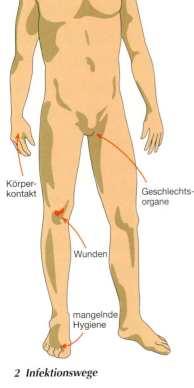

2 Infektionswege

Körpereigene Abwehr

Mikroskopisch kleine Pilze gelangen über die Haut in den Körper. Sie können zum Beispiel lästigen **Fußpilz** verursachen.
Besonders anfällig für Fußpilz sind feuchte Körperstellen wie die Zehenzwischenräume. Die Pilzfäden, auch *Hyphen* genannt, wachsen in der Haut.
Mit Fußpilz kannst du dich in Schwimmbädern leicht infizieren, weil du dort mit pilzhaltigen Hautschuppen in Berührung kommst.

Tanja hat mit Fußpilz keine Probleme. Etwas anderes macht ihr nach dem Besuch der Sportveranstaltung Sorgen! Als sie am Montagnachmittag von der Schule nach Hause kommt, fühlt sie sich sehr schlecht. Sie hat Kopf- und Gliederschmerzen, keinen Appetit, *Fieber* von 39,5 °C und friert – typische Symptome einer Grippe. Tanja legt sich sofort ins Bett. Sie hat sich vermutlich am Sonntag beim Besuch der Sportveranstaltung bei einem der vielen Zuschauer angesteckt.
Zwischen der Infektion und dem Ausbruch der Krankheit liegt die **Inkubationszeit,** während der sich die Krankheitserreger im Körper stark vermehren und schließlich zum Ausbruch der Krankheit führen.

Stichwort
Mikroorganismen
Mikroorganismen sind Kleinstlebewesen, die nur mit dem Mikroskop zu erkennen sind. Zu ihnen gehören Bakterien, pflanzliche und tierische Einzeller sowie einige Pilze.

Der Arzt verordnet Tanja strenge Bettruhe. Er empfiehlt ihr, mindestens drei Tage nicht zur Schule zu gehen, um sich zu schonen und die Mitschüler nicht zu infizieren. Während der folgenden Tage hat der Körper Zeit, die *Krankheitserreger* unschädlich zu machen. Von Tag zu Tag geht es Tanja besser. Die typischen Grippesymptome klingen ab und sie kann wieder zur Schule gehen.

> Infektionskrankheiten werden durch Erreger wie Bakterien, Viren, Pilze und tierische Einzeller verursacht. Zwischen der Infektion und dem Auftreten der Krankheitssymptome liegt die Inkubationszeit.

1 Beschreibe einige Infektionswege. Benutze dazu Abbildung 2.
2 Welche Erreger können Infektionskrankheiten auslösen? Berichte.

3 *Verlauf einer Infektionskrankheit.*
A *Infektion;* **B** *Erkrankung;* **C** *Genesung*

Körpereigene Abwehr

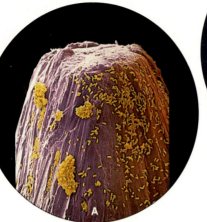

1 Bakterien sind überall. A auf einer Nadelspitze (1000×); **B** auf Türklinken; **C** auf Geldscheinen

1.2 Bakterien sind allgegenwärtig

Wir sehen sie nicht, wir riechen sie nicht, wir hören sie nicht – und dennoch sind sie da. Die Rede ist von Bakterien, die in der Luft, im Wasser, im Boden, auf Lebensmitteln und Gegenständen wie Geldscheinen oder Türklinken zu finden sind. Bakterien sind allgegenwärtig, auch in der Atemluft, die du gerade einatmest.

Die meisten Bakterien sind für uns harmlos. Sie spielen im **Naturhaushalt** eine äußerst wichtige Rolle. So zersetzen Bakterien beispielsweise organisches Material wie Laubblätter.

Als Erster erkannte der französische Bakterienforscher Louis Pasteur, dass es auch Bakterien gibt, die Infektionskrankheiten bei Mensch und Tier verursachen können. Keuchhusten, Scharlach und Tuberkulose beispielsweise werden durch Bakterien hervorgerufen.

Bakterien zählen zu den **Mikroorganismen**. Sie sind so klein, dass du selbst mit einem guten Lichtmikroskop nur große Bakterien erkennen kannst. Bakterien sind etwa 1/1000 mm groß. Sie sind sehr unterschiedlich geformt. Es gibt Stäbchen-, Kugel-, Komma- oder Schraubenformen.

Der Feinbau eines Bakteriums lässt sich mit einem **Elektronenmikroskop** erkennen. Damit können Wissenschaftler bis zu 200 000fach vergrößern.

Viele Bakterien verfügen über fadenförmige Fortsätze, die **Geißeln**. Mit diesen können sie sich in Flüssigkeiten fortbewegen. Eine **Zellwand** schützt das Bakterium und gibt ihm eine feste Form. An sie schließt sich innen eine dünne **Zellmembran** an, die das **Zellplasma** nach außen abgrenzt. Manche Bakterien werden zusätzlich von einer schützenden *Schleimkapsel* umschlossen. Im Zellplasma befinden sich Reservestoffe sowie die ringförmige **Erbsubstanz**. Sie steuert die Vorgänge in der Zelle.

Unter günstigen Umweltbedingungen verdoppelt sich die Anzahl der Bakterien alle 20 bis 30 Minuten.

> Bakterien sind einzellige Mikroorganismen, die für uns meist harmlos sind. Sie können aber auch Krankheiten verursachen.

2 Bakterienzelle mit Geißel.
A Mikrofoto; **B** Schema; **C** Bakterienformen

1 Erstelle eine Übersicht (z. B. Mind-map) zum Thema Bakterien. Vergleiche das Ergebnis mit dem deiner Nachbarn.

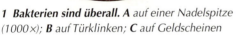

Kugel-Bakterien

begeißeltes Stäbchen-Bakterium

Komma-Bakterium

begeißeltes Schrauben-Bakterium

Körpereigene Abwehr

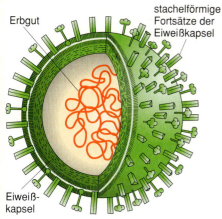

1 *Virus* (Modell, 10 000×)

1.3 Viren – Winzlinge, die krank machen können

„Schluckimpfung ist süß – Kinderlähmung ist bitter". Mit dieser Aussage wurde vor einigen Jahren für die *Schluckimpfung* geworben. **Kinderlähmung,** auch *Poliomyelitis* oder kurz **Polio** genannt, ist eine gefährliche **Viruserkrankung,** die auch Jugendliche und Erwachsene treffen kann. Meist beginnt die Erkrankung mit Gliederschmerzen, hohem Fieber und Nackensteifheit. In schweren Fällen kann die Krankheit tödlich verlaufen, insbesondere wenn die Atemmuskulatur befallen wird oder Gehirn und Rückenmark betroffen sind. Überleben die Erkrankten, können schwere *Dauerschäden* zurückbleiben: Lähmungen der Bein- und Rumpfmuskulatur.

Polio-Erreger gelangen durch den Mund in den Darm des Menschen. In den Zellen der Darmschleimhaut werden die Viren vermehrt und breiten sich im ganzen Körper aus.

Ihre Übertragung auf andere Menschen findet durch Tröpfcheninfektion, zum Beispiel beim Niesen, statt.

Gegen Polio gibt es bis heute keine wirksamen Medikamente. Erfolgreich ist allein die vorbeugende **Schluckimpfung,** bei der abgeschwächte Polio-Viren verabreicht werden. Werden die Impfungen vernachlässigt, nimmt die Zahl der Neuinfizierten zu.

Nicht nur Polio, sondern auch *Masern, Windpocken, Grippe (Influenza), Röteln, Hepatitis, Mumps* und viele andere Infektionskrankheiten werden durch Viren verursacht. **Grippeviren** befallen vor allem die Schleimhäute der Nase und der Bronchien.

Was sind Viren überhaupt? Viren haben keinen eigenen Stoffwechsel. Sie können sich nicht selbst vermehren, bewegen sich nicht selbstständig und sie wachsen nicht. Ein zellulärer Aufbau fehlt ihnen ganz. Erst durch die Erfindung des Elektronenmikroskops ist es gelungen, den Aufbau der Viren aufzudecken.

Viren sind noch kleiner als Bakterien und erreichen kaum einmal 1/10 000 mm. Sie bestehen im Wesentlichen aus der **Erbsubstanz,** die von einer **Eiweißhülle** umgeben ist.

Gelangt ein Virus in eine **Wirtszelle,** veranlasst es diese in kürzester Zeit viele neue Viren zu produzieren. Schließlich platzt die Wirtszelle. Die neuen Viren werden freigesetzt und können neue Zellen befallen. Auf diese Weise breiten sich Viren sehr schnell im Körper aus.

> Viren verursachen Infektionskrankheiten wie Masern, Mumps, Röteln und Grippe. Sie werden in Wirtszellen vermehrt.

1 Erstelle den Steckbrief eines Virus.
2 Vergleiche Bakterien und Viren. Erstelle dazu eine Tabelle.

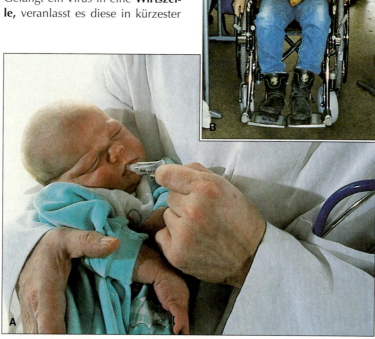

2 **Kinderlähmung.** A *Schluckimpfung;* B *an Kinderlähmung erkrankter Jugendlicher*

Streifzug durch die Geschichte

Pioniere der Bakterienforschung

Heute, in einer Welt der hoch entwickelten Geräte wie Elektronenmikroskop und Computer können wir uns kaum vorstellen, wie vor etwa 130 Jahren medizinische Forschung betrieben wurde. Im Jahre 1873 wurde der Landarzt Robert KOCH (1843–1910) zu einem verendeten Hirsch geführt, dessen Blut schwarz aussah. KOCH entnahm dem Tier eine Blutprobe. Er untersuchte diese mit einem Mikroskop, das in seiner Qualität nicht einmal den heutigen Schulmikroskopen entsprach. Er entdeckte dicke, helle Stäbchen. Die gleichen Stäbchen fand er in dem Blut der an *Milzbrand* – einer Tierseuche – verendeten Schafe und Rinder. Sollten diese für die Seuche verantwortlich sein?

In dem Hinterzimmer seiner Arztpraxis experimentierte er mit weißen Mäusen. Er infizierte die Mäuse mit dem „kranken" Blut. Nach kurzer Zeit erkrankten auch diese Mäuse an Milzbrand. KOCH forschte weiter. Er untersuchte nun auch krankes Gewebe. Er brachte dieses auf einen hohlgeschliffenen Objektträger und schloss diesen mit einem Deckglas luftdicht ab. Er beobachtete anschließend die Vermehrung der Stäbchen. Dabei entdeckte er, dass diese auch kleine Dauerformen, so genannte Sporen, bildeten. Daraufhin infizierte er seine Mäuse auch mit diesen Sporen. Diese Mäuse starben ebenfalls an Milzbrand. Damit hatte KOCH 1876 erstmals den Nachweis erbracht, dass durch ein Bakterium, das Milzbrandbakterium, eine Krankheit verursacht wird.

1 Robert KOCH in seinem Labor bei der Arbeit

Diese Entdeckung war zu damaliger Zeit eine Sensation. Denn bis wenige Jahre zuvor nahm man an, dass Bakterien durch Fäulnis und Gärung oder durch eine Art Urzeugung entstehen. Erst 1861 hatte der französische Chemiker Louis PASTEUR (1822–1895) in Experimenten nachgewiesen, dass Bakterien nicht durch faulende Stoffe entstehen, sondern diese erst die Fäulnis verursachen. Er kochte Fleischbrühe mehrmals auf und verschloss sie danach luftdicht. Während Fleischbrühe sonst schnell faulig wurde, blieb sie in dem luftdicht abgeschlossenen Gefäß haltbar.

PASTEUR hatte damit bewiesen, dass Bakterien durch Kochen abgetötet werden und Lebensmittel unter Luftabschluss auf diese Weise haltbar gemacht werden können. Seine Erkenntnisse sind heute noch Grundlage vieler Sterilisationsmaßnahmen in Lebensmittelwerken, Küchen, aber auch in Arztpraxen und Krankenhäusern.

Wenige Jahre später – im Jahre 1882 – fand KOCH im menschlichen Blut den Erreger der *Tuberkulose*, einer damals weit verbreiteten und oft tödlich verlaufenden Lungenkrankheit. Es dauerte aber noch 40 Jahre, bis ein wirksamer Impfschutz gegen die Tuberkulose zur Verfügung stand. Das Robert-Koch-Institut empfiehlt die Impfung nicht mehr. Heute wird die Tuberkulose ausschließlich mit einer Kombination von Medikamenten bekämpft. Die Behandlung dauert sechs Monate. Trotzdem sterben noch immer jährlich rund 8 Mio. Menschen an dieser Krankheit.

Im Jahr 1882 stieß KOCH auch auf den kommaförmigen Erreger der *Cholera*, der eine gefährliche Darminfektion hervorruft. Auch heute noch sterben jährlich Millionen von Menschen an den Folgen dieser Krankheit, die u.a. durch verschmutztes Wasser und verunreinigte Lebensmittel hauptsächlich in den Ländern Zentralafrikas sowie Asiens und in Indien auftritt.

KOCHs wissenschaftliche Arbeiten fanden internationale Beachtung. Im Jahre 1905 erhielt er für seine umfangreichen Arbeiten den Nobelpreis für Medizin.

Emil von BEHRING (1854–1917) erforschte u.a. die Bildung von Abwehrstoffen im Körper. Er beobachtete, dass Pferde nur leicht an Diphtherie erkrankten und danach lange gegen diese Krankheit unempfindlich oder *immun* blieben. Er wies nach, dass sich in dem Blut der Pferde reichlich Abwehrstoffe gebildet hatten. Aus dem Blutserum gewann er einen Impfstoff gegen Diphtherie beim Menschen.

1 Informiere dich u.a. im Internet über Seuchen, z. B. Cholera, Pest oder Tuberkulose, und berichte.

Körpereigene Abwehr

Die Pest

Streifzug durch die Geschichte

Es war im Jahre 1347, als eine Handelsgaleere den Hafen von Messina ansteuerte. Viele Menschen standen am Ufer und winkten dem Schiff zu. Sie waren neugierig auf die Schätze aus Asien, die es ihnen bringen würde. Sie ahnten jedoch nicht, dass eine tödliche „Fracht" an Bord war: **Pestbakterien.** Die Seefahrer hatten sie mitgebracht. In ihrer Kleidung hatten sich *Rattenflöhe* eingenistet, die sich mit den todbringenden Bakterien infiziert hatten. Niemand wusste, dass diese Flöhe beim Stich die Pestbakterien auf den Menschen übertragen können.

Die Bakterien leben gewöhnlich in Ratten, die selbst an diesen Bakterien zugrunde gehen. In den mittelalterlichen Siedlungen gehörten diese Nager infolge der damals mangelhaften Hygiene zum allgemeinen Straßenbild. So war es nicht verwunderlich, dass sich die Seuche von Messina und von anderen Hafenstädten aus rasch über die Städte über ganz Europa ausbreitete. Die meisten infizierten Menschen starben qualvoll innerhalb weniger Tage. Die Pest wütete in Europa im Zeitraum von 1347 bis 1352 so sehr, dass daran rund 55 Millionen Menschen starben. Das entsprach etwa einem Drittel der Bevölkerung im damaligen Europa.

Mit dem Flohstich gelangen die Pestbakterien in das menschliche Blut und vermehren sich dort sehr rasch. Innerhalb weniger Tage kommt es zu einer schmerzhaften Entzündung der Lymphknoten in den Achselhöhlen und in der Leistengegend, die zu Beulen bis zu einer Größe von 10 cm anschwellen können. Unter der Haut der Erkrankten entstehen zusätzlich ausgedehnte Blutungen, die der Krankheit daher auch den Namen **schwarzer Tod** gegeben haben.

1 Pestarzt in Marseille.
(Kupferstich um 1725)

Vergeblich versuchte man damals, die Pest zu bekämpfen. Da man jedoch die Ursachen nicht kannte, sah man das Massensterben als eine Strafe Gottes für die Sünden der Menschen an. Davon zeugen viele Bilder aus dieser Zeit, die die Vorstellungen der Menschen über den sich immer wiederholenden schwarzen Tod ausdrücken. Mit Bußzügen der Männer, die in Kutten gehüllt durch die Lande zogen und sich geißelten, versuchten die Menschen damals, ihre Frömmigkeit zu beweisen und den Zorn Gottes zu besänftigen.

Es gab damals aber auch schon Doktoren, die nach natürlichen Ursachen Ausschau hielten. Eine Ursache sahen sie z. B. in einer „verderbten und vergifteten" Luft. Daher kamen zu Beginn des 17. Jh. schützende Gewänder für die Pestärzte in Gebrauch. Der unten stehende Kupferstich zeigt einen Doktor in einem Ledergewand, das man für undurchlässig hielt, und einen Nasenschutz mit Riechstoffen, der die schlechte Luft vertreiben sollte.

Aber erst im Jahre 1894 entdeckten der Franzose YERSIN und der Japaner KITASATO unabhängig voneinander den Erreger der Pest: ein unbegeißeltes, stäbchenförmiges Bakterium. Von da an konnte der Erreger wirksam bekämpft werden.

In Europa ist die Seuche heute durch verbesserte Hygiene und Medikamente ausgerottet. In Tansania dagegen brach die Seuche 1990 erneut aus. 300 Menschen starben. In Indien gab es 1994 über 3 000 Pestkranke.

1 Was will der Künstler in der Abbildung unten zum Ausdruck bringen?

Körpereigene Abwehr

1.4 Aufruhr im Verdauungstrakt

Im Altenheim von Bad S. stand auf dem Speiseplan zu Mittag Hühnerfrikassee mit Reis und als Nachtisch gab es einen Pudding, bei dem Eischnee untergeschlagen worden war. Am Abend klagten einige Bewohner über Übelkeit und Kopfschmerzen. In der Nacht bekamen viele einen Brechdurchfall. Der herbeigerufene Arzt vermutete als Ursache eine **Lebensmittelvergiftung.** Als am nächsten Tag von den 165 Altenheimbewohnern 95 erkrankt waren, stand fest: Das Essen vom Vortag war mit Bakterien verunreinigt gewesen. Die Bewohner hatten sich mit **Salmonellen** angesteckt oder *infiziert*. Der Arzt informierte sofort das zuständige Gesundheitsamt; denn bei der Salmonellose handelt es sich um eine meldepflichtige Infektionskrankheit.

Die Übertragung erfolgt häufig im Zusammenhang mit wasser- und eiweißreichen Lebensmitteln tierischer Herkunft. Dazu gehören nicht erhitzte Eier- und Milchspeisen, Speiseeis, sahne- und roheihaltige Backwaren, Fleisch- und Wurstwaren sowie Geflügel, Feinkostsalate und Majonäse. Besonders in der heißen Jahreszeit ist die Gefahr einer Salmonelleninfektion groß, da sich die Bakterien dann rasch vermehren. Wenn man z. B. einen Fleischsalat nur eine Stunde bei 25 °C bis 30 °C stehen lässt, hat sich die Zahl der Salmonellen in dieser Zeit bereits verdoppelt. Daher ist es besser, über Tage gelagerte Speisen lieber wegzuwerfen als sie zu verzehren und sich dabei einer Salmonellose auszusetzen.

Die Bakterien werden durch Einfrieren nicht abgetötet. Sie überleben tiefgefroren und können sich bei Zimmertemperaturen wieder vermehren. Nur durch Kochen und gutes Durchbraten werden die Bakterien abgetötet.

> **Krank durch Salmonellen**
> (dpa/ap), 24. Juni 1992
>
> An salmonellenverseuchtem Eis sind in Erzhausen mehr als 100 Menschen erkrankt, die in derselben Eisdiele gespeist hatten. Ein Arzt hatte das Gesundheitsamt informiert, weil es bei ihm einen Ansturm von Patienten mit Magenbeschwerden, Erbrechen und Durchfall gegeben hatte. Der Eissalon ist sofort geschlossen worden. Als Ursache kommt vermutlich verseuchtes Eipulver infrage.

Bei der Ansteckung mit Salmonellen dauert es bis zum Ausbruch der Krankheit nur eine kurze Zeit. Diesen Zeitraum bezeichnet man als **Inkubationszeit.** Hat man sich mit Salmonellen infiziert, kommt es zu Kopf- und Bauchschmerzen, Erbrechen und Durchfällen sowie Fieber. Alle diese Symptome werden von Giften ausgelöst, die im Magen-Darm-Trakt freigesetzt werden. Sie schädigen die Magen- und die Darmschleimhaut.

Der menschliche Körper ist der Infektionskrankheit meist nicht schutzlos ausgeliefert. Er mobilisiert seine Abwehrkräfte und meist schon nach 3–5 Tagen klingen die Krankheitserscheinungen wieder ab. Durch Medikamente wie **Antibiotika** kann die Krankheit verkürzt werden. Ein Antibiotikum ist ein Stoff, der die Bakterien so schwächt, dass sie nicht mehr wachsen und sich vermehren können und schließlich absterben. Trotz des Einsatzes von Antibiotika sind besonders alte Menschen und Kleinkinder durch eine Salmonellose gefährdet.

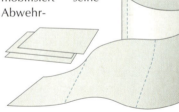

1 Infektionskette einer Salmonellenerkrankung

Körpereigene Abwehr

Es gibt aber auch noch andere bakterielle Durchfallerkrankungen, die weitaus gefährlicher sind als die Salmonellose. Hierzu gehören *Typhus, Paratyphus* und *Cholera*. Diese Krankheiten kommen vor allem in Entwicklungsländern in Gebieten mit schlechten hygienischen Verhältnissen vor. Die Menschen infizieren sich über verunreinigte Nahrungsmittel sowie verschmutztes Trinkwasser aus Seen und Flüssen. Da sich die Krankheiten rasch ausbreiten können und große Teile der Bevölkerung davon betroffen sind, spricht man von einer **Seuche.**

Die **Cholera** ist eine weltweit verbreitete Seuche, die seit über 2000 Jahren bekannt ist. Sie war ursprünglich nur auf das Gangesdelta in Indien beschränkt, breitete sich dann aber vor rund 200 Jahren nach und nach über die ganze Welt aus. In Hamburg zum Beispiel starben 1892 in nur 6 Wochen über 8000 Menschen an Cholera. Im Bürgerkrieg im afrikanischen Ruanda starben 1994 innerhalb von 3 Wochen ca. 12 000 Menschen. Viele Leichen wurden ins Wasser geworfen, das den Menschen auch als Trinkwasser diente.

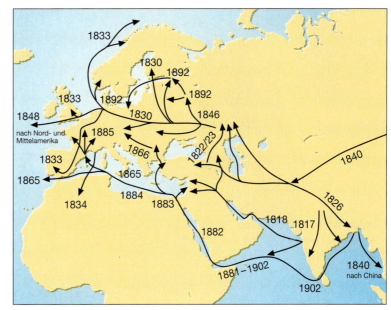

3 Ausbreitung der Cholera ab 1817

> Bakterien können Infektionskrankheiten hervorrufen. Zu diesen gehören u. a. Salmonellose, Typhus, Paratyphus und Cholera. Die Infektion erfolgt über verseuchte Lebensmittel und verseuchtes Trinkwasser.

1 Beschreibe den möglichen Verlauf einer Salmonellose anhand der Abb. 1.

2 Nenne Gründe, weshalb die Salmonellose zu den meldepflichtigen Krankheiten gehört.

3 Beschreibe die Ausbreitung der Cholera anhand der Abb. 3. Nenne mögliche Gründe.

Tipps zum Schutz vor Salmonelleninfektion

▸ Für Speisen nur frische Eier verwenden. Das Datum der Mindesthaltbarkeit muss auf der Verpackung stehen. Es beträgt höchstens 28 Tage.

▸ Spätestens ab dem 18. Tag nach dem Legen müssen Eier zwischen 5°C und 8°C gekühlt aufbewahrt werden.

▸ Speisen, die mit rohen Eiern zubereitet und vor dem Verzehr nicht erhitzt wurden, müssen sofort gegessen werden.

▸ Wenn man Speisen auf über 70°C durcherhitzt, werden Salmonellen abgetötet.

▸ Hackfleisch, Geflügel und Fisch sollten - wenn nicht gekocht - stets gut durchgebraten verzehrt werden.

▸ Schnittbretter und andere Unterlagen, die mit rohem Fleisch oder Abtauwasser in Berührung gekommen sind, müssen mit heißem Wasser und Spülmittel gereinigt werden, ehe darauf andere Lebensmittel verarbeitet werden.

▸ Nach dem Stuhlgang stets die Hände gründlich waschen.

▸ An heißen Tagen mit Lebensmitteln noch vorsichtiger umgehen, da sich Erreger schneller vermehren als an kalten Tagen.

2 Verhaltensmaßnahmen zum Schutz vor Lebensmittelvergiftungen

Körpereigene Abwehr

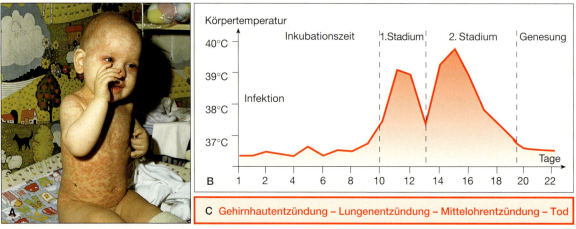

1 Masern. *A Hautausschlag; B Verlauf; C mögliche Folgen*

1.5 Masern – eine harmlose Kinderkrankheit?

„Masern, das ist doch eine Kinderkrankheit, was also kann daran gefährlich sein?" – So fragen sich viele Menschen. Tatsächlich stecken sich meist Kinder gegenseitig mit dem Erreger, einem *Virus,* an. Nach ca. 10 Tagen Inkubationszeit zeigen sich erste harmlose Symptome wie Schnupfen und Husten. Die Masernviren befallen nämlich zunächst die Schleimhäute in Nase und Rachen. Weißliche Flecken auf der Wangenschleimhaut und Fieber sind erste typische Anzeichen des Krankheitsausbruches. Nach 3 bis 5 Tagen geht die Krankheit in das 2. Stadium über. Die Viren haben sich inzwischen stark vermehrt und überall im Körper ausgebreitet. Das Fieber steigt oft bis 40 °C und man fühlt sich sehr elend. Die Erkrankten können kein helles Licht ertragen und entwickeln einen hellroten Hautausschlag, der schließlich den ganzen Körper befällt. Ist das Immunsystem in der Lage, die Viren abzutöten, dann gehen alle Anzeichen ein bis zwei Wochen nach Ausbruch der Krankheit zurück und man wird schnell wieder gesund.

Bei geschwächten Kindern kommt es jedoch leicht zu Folgeerkrankungen wie Mittelohrentzündung, Lungenentzündung oder gar einer lebensgefährlichen Hirnhautentzündung. Dann drohen Bewusstlosigkeit und Krämpfe. Weltweit sterben ca. 1 Million Kinder an den Folgen der Masernerkrankung. Nur durch rechtzeitige Impfung lassen sich solche gefährlichen Folgen vermeiden.

> Masern ist eine ansteckende, gefährliche Kinderkrankheit, die von Viren ausgelöst und durch Körperkontakt übertragen wird. Lebensbedrohliche Folgeerkrankungen wie Lungenentzündung und Hirnhautentzündung sind besonders gefürchtet.

1 Beschreibe den Verlauf der Masernerkrankung, indem du die einzelnen Phasen einer Infektionskrankheit und die Körpertemperatur berücksichtigst. Nimm die Abb. 1 B zu Hilfe.

2 Erläutere mithilfe der Abb. 2, wie sich Viren in den Körperzellen massenhaft vermehren können.

2 Massenhafte Vermehrung von Viren. Ein Virus befällt eine Zelle und vermehrt sich darin. Die Zelle stirbt ab, die Viren werden freigesetzt und befallen neue Zellen.

1.6 Vorsicht – Malaria!

Last-Minute-Flug nach Afrika! Familie Beier ist begeistert über das preiswerte Urlaubsangebot nach Kenia. Da müssen sie zugreifen. Vor lauter Hektik denkt niemand an die gesundheitlichen Risiken einer solchen Reise. Die Ansteckungsgefahr durch Tropenkrankheiten wie der Malaria ist in Afrika besonders hoch.

Malaria ist in den Tropen und Subtropen weit verbreitet. Die Infektionskrankheit wird von einer Stechmücke, der **Anopheles-Mücke,** übertragen. Beim Stich dieser Mücke gelangen die Erreger, kleinste einzellige Lebewesen, mit dem Speichel der Mücke in das menschliche Blut. Innerhalb einer halben Stunde haben die Einzeller die Leber erreicht. In den Leberzellen vermehren sie sich und befallen dann nach Tagen oder gar Monaten der Inkubationszeit in großer Zahl die roten Blutkörperchen. Sie brauchen den roten Blutfarbstoff, um sich erneut zu vermehren. Schließlich platzen die befallenen Blutkörperchen, wobei große Mengen von giftigen Stoffwechselprodukten der Erreger frei werden. Das löst beim Menschen Schüttelfrost und Fieberanfälle aus. Oft werden diese grippeähnlichen Symptome falsch gedeutet, weil man gar nicht mehr an eine mögliche Infektion mit Malaria denkt.

Die frei gewordenen Erreger befallen erneut die roten Blutkörperchen. Der Mensch leidet unter wiederkehrenden Fieberschüben und wird immer schwächer. Ohne rechtzeitige ärztliche Behandlung tritt häufig der Tod ein. So sterben jährlich über eine Million Menschen – vorwiegend Kinder unter 5 Jahren – an den Folgen dieser Tropenkrankheit.

Eine Ansteckung mit Malaria von Mensch zu Mensch ist nicht möglich. Der Erreger braucht nämlich für seine vollständige Entwicklung immer den Menschen *und* die Anopheles-Mücke als Wirt.

Wenn man eine Reise in die Tropen plant, lässt man sich möglichst rechtzeitig von einem Arzt oder dem Gesundheitsamt beraten. Je nach Reiseziel und Reisezeit werden unterschiedliche Medikamente empfohlen, die man vorbeugend einnehmen sollte. Im Urlaubsland sollte man sich durch Mückennetze, Insektenschutzmittel und Kleidung mit langen Ärmeln und Hosenbeinen vor Insektenstichen schützen.

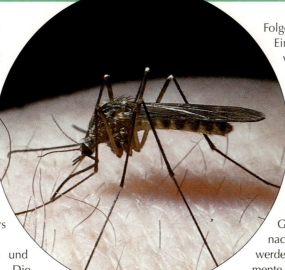

1 Anopheles-Mücke

> Malaria ist eine der gefährlichsten Infektionskrankheiten, die auf der Erde weit verbreitet ist. Die Anopheles-Mücke überträgt beim Stich die Malariaerreger auf den Menschen.

1 a) Beschreibe den Verlauf einer Malaria-Erkrankung mithilfe der Abbildung 2.
b) Welchen Zusammenhang kannst du zwischen der Fieberkurve und den Vorgängen im Blut erkennen?
2 Informiere dich über die Aufgabe der roten Blutkörperchen. Was bedeutet es für den Menschen, wenn der Malaria-Erreger diese Blutkörperchen im Laufe der Erkrankung zunehmend zerstört?
3 Zähle Länder auf, in denen Malaria vorkommen kann. Nimm deinen Atlas zu Hilfe.

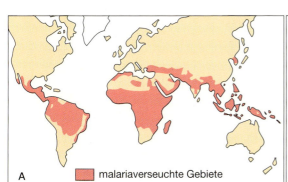
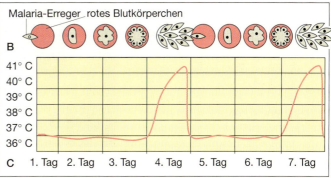

2 Malaria. **A** *Verbreitung;* **B** *Vermehrung des Erregers in den roten Blutkörperchen und* **C** *Fieberkurve*

Körpereigene Abwehr

Streifzug durch die Medizin

Zecken sind gefährlich

1 Zeckengefahr beim Wandern

2 Verschieden stark vollgesaugte Zecken

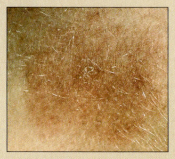

4 Wanderröte

Nicht selten kommen Wanderer mit einem unwillkommenen Mitbringsel nach Hause. Auf vielen Gräsern und Sträuchern sitzen im Früh- und Hochsommer die weiblichen **Zecken,** auch **Holzböcke** genannt. Die Zecken werden durch Wanderer oder vorbeikommende Säugetiere von den Gräsern abgestreift oder sie lassen sich auf Schweißgeruch hin von den Sträuchern fallen.

An einer geeigneten Hautstelle bohren sich die Zecken mit ihrem Saugrüssel in die Haut und saugen Blut. Die Weibchen benötigen dies, damit die Eier in ihnen heranreifen können. Beim Blutsaugen schwillt ihr Körper stark an. Ist die Zecke vollgesogen, lässt sie sich fallen.

Ein Zeckenbiss kann gefährliche Folgen haben. Oft gelangen mit dem Speichel der Zecke **Krankheitserreger** in den menschlichen Körper. Deshalb solltest du deinen Körper nach einem Aufenthalt im Wald gut nach Zecken absuchen.

Ein in Zecken häufig zu findender Krankheitserreger ist ein gefürchtetes Virus, das beim Menschen eine bestimmte Form der Hirnhautentzündung, die **Frühsommer-Meningo-Enzephalitis**

Tipps zum Entfernen einer Zecke:

- Zecke mit einer Zeckenzange oder den Fingernägeln packen und leicht drehend herausziehen.
- Wunde desinfizieren. Ist kein Desinfektionsmittel zur Hand, Wunde aussaugen, die Flüssigkeit ausspucken und Wunde mit Speichel notdürftig desinfizieren.
- Festsitzende Zecke nicht mit Alkohol, Klebstoff, Öl oder Nagellack behandeln.

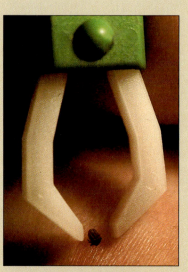

3 Zeckenzange zum Entfernen einer festgesaugten Zecke

(FSME), auslöst. Wenige Tage nach der Infektion treten als erste Symptome leichtes Fieber sowie Kopf- und Gliederschmerzen auf, die nach kurzer Zeit wieder abklingen. Nach ein bis zwei Wochen folgt oft eine zweite Erkrankungsphase mit hohem Fieber, starken Kopfschmerzen und Nackensteife. Bis zum vierten Tag nach einem Zeckenbiss kann der Arzt durch eine **Heilimpfung** den betroffenen Menschen vor einer Erkrankung bewahren. Wer sich häufig in Gebieten mit erhöhtem Infektionsrisiko aufhält, sollte sich am besten vorbeugend impfen lassen.

Viele Zecken sind mit einem weiteren Krankheitserreger infiziert: dem Bakterium mit dem Namen *Borrelia.* Die von ihm verursachte Krankheit **Borreliose** erkennst du an folgenden *Symptomen:* ringförmige Rötung um die Bissstelle, die nach einigen Tagen nach außen wandert („Wanderröte"); Kopf-, Glieder- und Gelenkschmerzen; Mattigkeit. In schweren Fällen kann es zu Lähmungen, gelegentlich sogar zum Tod des Patienten kommen. Rechtzeitig erkannt kann die Krankheit mit **Antibiotika** behandelt werden.

Körpereigene Abwehr

INFEKTIONSKRANKHEITEN UND ERREGER

Pinnwand

Krankheit	Bakterielle Erreger
Cholera	
Fleckfieber	
Keuchhusten	
Typhus	
Pest	
Tuberkulose	
Diphtherie	
Hirnhautentzündung	
Scharlach	
Wundstarrkrampf	
Syphilis	
Bronchitis	
Blutvergiftung	
Lungenentzündung	
Tripper	

Hepatitis

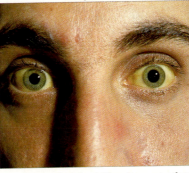

Hepatitis ist eine durch Viren hervorgerufene Entzündung der Leber. Die Krankheit wird auch infektiöse Gelbsucht genannt, weil die Haut von Erkrankten eine typische gelbe Farbe aufweist. Hepatitis-A-Viren (HAV) gelangen über verunreinigte Speisen und Getränke in den Körper. Hepatitis-B- und Hepatitis-C-Viren werden durch Blut, Scheidenflüssigkeit und Sperma übertragen.

Scharlach

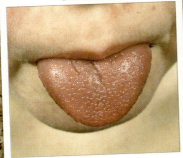

Scharlach ist eine durch Bakterien hervorgerufene Krankheit, die Menschen jeden Alters treffen kann. Typische Krankheitssymptome sind: entzündete Zunge, feuerroter Rachen, roter Hautausschlag am ganzen Körper, Müdigkeit und Mattigkeit. Meist ist eine Behandlung mit einem Antibiotikum erforderlich.

1. An welchen Symptomen lässt sich die Krankheit Scharlach erkennen? Berichte.

2. Eine Herpes-Erkrankung kann einen Menschen immer wieder treffen. Wie ist das zu erklären?

3. Nenne Ansteckungsmöglichkeiten für Hepatitiserkrankungen. Wie kannst du dich vor Hepatitis-B und -C schützen?

4. Erstelle Pinnzettel zu mindestens zwei weiteren Infektionskrankheiten.

Herpes

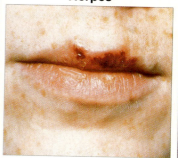

Herpes-Viren verursachen kleine juckende und brennende Bläschen an Lippen, Naseneingängen und Zahnfleisch. Hat man sich mit den häufig vorkommenden Viren angesteckt, können sie jahrelang ohne Symptome im Körper verbleiben, bevor die Bläschen wieder auftreten. Der Betroffene kann den Krankheitsverlauf günstig beeinflussen, indem er eine medizinische Salbe aufträgt.

1 „Gesundheit!"

1.7 Stark in der Abwehr – das Immunsystem

Im Alltag sind die Menschen überall Krankheitserregern ausgesetzt: wenn zum Beispiel jemand neben uns niest, wenn wir eine Türklinke anfassen oder ungewaschenes Obst essen. Unser Körper würde solche Angriffe auf die Gesundheit nur wenige Stunden überleben, gäbe es nicht eine leistungsfähige Abwehr, die die meisten Krankheitserreger erfolgreich bekämpft.

Die gesunde *Haut* ist die erste Barriere, die den Menschen vor Infektionen schützt. Durch die Talg- und Schweißproduktion entsteht ein Säureschutzmantel, der Erreger – insbesondere Hautpilze – unschädlich machen kann.

Dort, wo Erreger durch die Körperöffnungen eindringen können, beginnt ein leistungsfähiges *Abwehrsystem,* das **Immunsystem,** mit der Abwehr. Es sind im Wesentlichen die **weißen Blutkörperchen** des Menschen, die diese Aufgabe übernehmen. Sie entstehen fortwährend neu im Knochenmark der Röhrenknochen und werden mit dem Blut und der Lymphflüssigkeit an alle Stellen des Körpers transportiert. In den *Lymphknoten,* zum Beispiel in den Mandeln oder unter den Achseln, befinden sich besonders viele dieser Abwehrzellen. Wir unterscheiden verschiedene Arten von Abwehrzellen: Fresszellen, Killerzellen, Plasmazellen, T-Helfer-Zellen und Gedächtniszellen.

In der Nasenschleimhaut sind immer einige **Fresszellen** bereit, eingedrungene Erreger sofort zu vertilgen. Die Fresszellen haben in der *Thymusdrüse,* einem kleinen Organ unter dem Brustbein, „gelernt", zwischen eigenen und fremden Zellen zu unterscheiden. Sie erkennen die Viren und Bakterien als Fremdkörper und vernichten sie dann. In der *Milz,* die in der Bauchhöhle liegt, befinden sich immer Abwehrzellen in Reserve.

Manchmal gelingt es den Erregern trotz dieser Abwehr, weiter in den Körper einzudringen und sich dort zu vermehren. Dann informieren die Fresszellen andere Zellen im Blut, die **T-Helfer-Zellen.** Diese Zellen organisieren einen zweifachen Angriff auf die Erreger.

Einerseits informieren sie **Plasmazellen,** die spezielle *Antikörper* bilden können. Die Antikörper helfen, die Eindringlinge zu vernichten. Andererseits „alarmieren" die T-Helfer-Zellen auch die **Killerzellen.** Diese suchen nach Zellen, die bereits von den Erregern befallen worden sind. Dann töten die Killerzellen diese infizierten Zellen ab, sodass sich die Erreger in den befallenen Zellen nicht mehr vermehren können. Die Fresszellen vernichten die Reste. In den Lymphknoten werden die giftigen Abfallprodukte abgebaut, die während eines Abwehrkampfes entstanden sind.

Eine solche Abwehrreaktion dauert

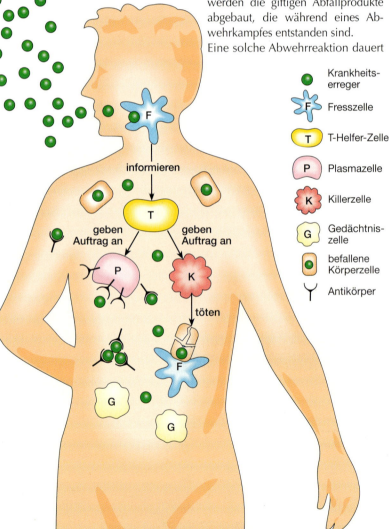

2 Abwehrzellen bekämpfen Krankheitserreger (Schema)

Körpereigene Abwehr

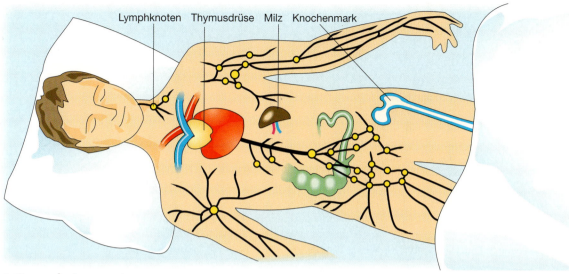

3 Organe des Immunsystems
Lymphknoten · Thymusdrüse · Milz · Knochenmark

oft ein paar Tage, bis alle Erreger vernichtet sind und die Krankheit überwunden ist.

Während das Abwehrsystem arbeitet, bilden sich die **Gedächtniszellen.** Diese Zellen speichern die Information über die Eigenschaften der Erreger. Bei erneutem Kontakt mit dem gleichen Erregertyp können die Abwehrzellen sofort aktiv werden, sodass der Mensch gar nicht erst krank wird. So wird der Mensch im Laufe seines Lebens gegen verschiedene Erreger immun. Daher kommt die Bezeichnung Immunsystem.

Jeder Mensch kann selbst dazu beitragen, das Immunsystem bei seiner täglichen Aufgabe zu unterstützen. Man weiß heute, dass sich während des Schlafes die Abwehrzellen erholen. Deshalb ist ausreichender Schlaf besonders wichtig. Täglich frisches Obst und Gemüse mit ausreichend Vitamin C, E und Beta-Carotin unterstützen das Abwehrsystem ebenso wie regelmäßige sportliche Bewegung. Das Immunsystem ist aber auch abhängig von unserem seelischen Befinden. Wer mit seinem Leben zufrieden ist und fröhlich an seine Aufgaben geht, wird seltener krank.

Manchmal reagiert das Immunsystem übereifrig und stuft zum Beispiel harmlose Blütenpollen oder Tierhaare als gefährliche Krankheitserreger ein, die bekämpft werden müssen. Der Mensch leidet dann an einer *Allergie,* die schwierig zu behandeln ist.

> Das Immunsystem des Menschen sorgt mit verschiedenen Abwehrzellen und den Antikörpern dafür, dass eingedrungene Krankheitserreger unschädlich gemacht werden.

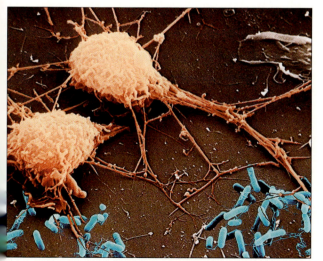

4 *Fresszellen (orange) vertilgen Bakterien (blau)* (2700fache Vergrößerung; elektronenmikroskopische Aufnahme)

1 Liste alle Zelltypen des Abwehrsystems auf und ordne ihnen ihre Aufgabe zu.
2 Wenn jemand krank ist, sagt man häufig: „Schlaf dich gesund!" Wie sinnvoll ist dieser Ratschlag?
3 Warum bekommen Erwachsene selten so genannte Kinderkrankheiten?
4 Nenne Lebensgewohnheiten, die das Abwehrsystem beeinträchtigen können.
5 Menschen, die nach einer Transplantation mit einem Organ eines anderen Menschen leben, müssen Medikamente nehmen, die das Immunsystem unterdrücken. Versuche diese Maßnahme zu erklären.

Körpereigene Abwehr

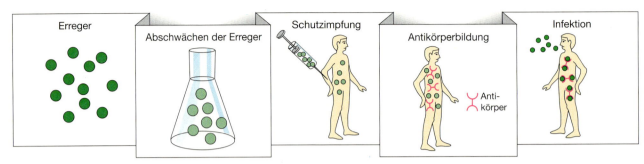

1 Schutzimpfung (Aktive Immunisierung)

1.8 Impfen kann Leben retten

„Bist du gegen Tetanus geimpft?", fragt die Ärztin den 13-jährigen Christian, der sich eine tiefe Wunde beim Sturz mit dem Fahrrad zugezogen hat. Christians Mutter hat den Impfausweis mitgebracht und so kann die Ärztin feststellen, dass ausreichender Impfschutz besteht. Christian ist froh, dass er nicht noch eine Spritze bekommen muss.

Bereits als Säugling werden viele Kinder u. a. mit den Erregern der Tetanus-Krankheit geimpft. Diese Erreger werden jedoch vorher so behandelt, dass sie die Kinder nicht ernsthaft krank werden lassen. Ihr Immunsystem wird durch die **Impfung** angeregt, Antikörper gegen die Tetanusbakterien zu bilden. Wie bei einer überstandenen Infektionskrankheit bleiben auch hier Gedächtniszellen im Blut, die sich die Eigenschaften des Erregers merken. So können sie bei erneuter Infektion mit dem gleichen Erreger das Immunsystem sofort aktivieren. Kinder, die gegen bestimmte Krankheiten geimpft sind, werden dadurch gegen sie immun. Deshalb nennt man eine solche Impfung auch **Schutzimpfung** oder *aktive Immunisierung*. Damit diese Immunität bleibt, muss in regelmäßigen Abständen eine Auffrischungsimpfung erfolgen.

Manchmal jedoch braucht der Mensch eine ganz andere Art der Impfung. Wenn er bereits erkrankt ist und das Immunsystem mit dem Erreger nicht fertig wird, muss man die passenden Antikörper spritzen. So wird das Immunsystem unterstützt und dadurch die Heilung beschleunigt. Eine solche Impfung nennt man **Heilimpfung** oder *passive Immunisierung*.

Wo aber kommen die Antikörper für eine Heilimpfung her? Man gewinnt sie, indem man Tiere mit abgeschwächten Erregern einer bestimmten Infektionskrankheit impft, ihnen nach einiger Zeit Blut entnimmt und die dann gebildeten Antikörper herausfiltert. Eine Heilimpfung wirkt nur drei bis vier Wochen, sie kann aber im Notfall Leben retten.

> Durch eine Schutzimpfung wird der Körper angeregt, eine lang anhaltende Immunität zu entwickeln. Zur Unterstützung des Abwehrsystems eines Erkrankten dagegen erfolgt eine Heilimpfung.

1 Begründe, warum der Mensch bei einer Schutzimpfung auf jeden Fall gesund sein muss.

2 Jedes Jahr wird im Frühherbst auf die Grippeimpfung hingewiesen. Um welche Art von Impfung handelt es sich hier?

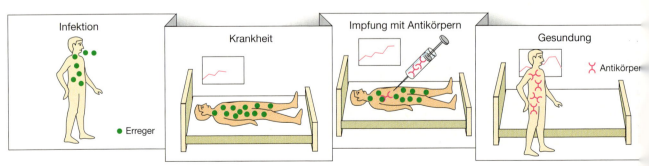

2 Heilimpfung (Passive Immunisierung)

Körpereigene Abwehr

VORBEUGEN UND HEILEN

Pinnwand

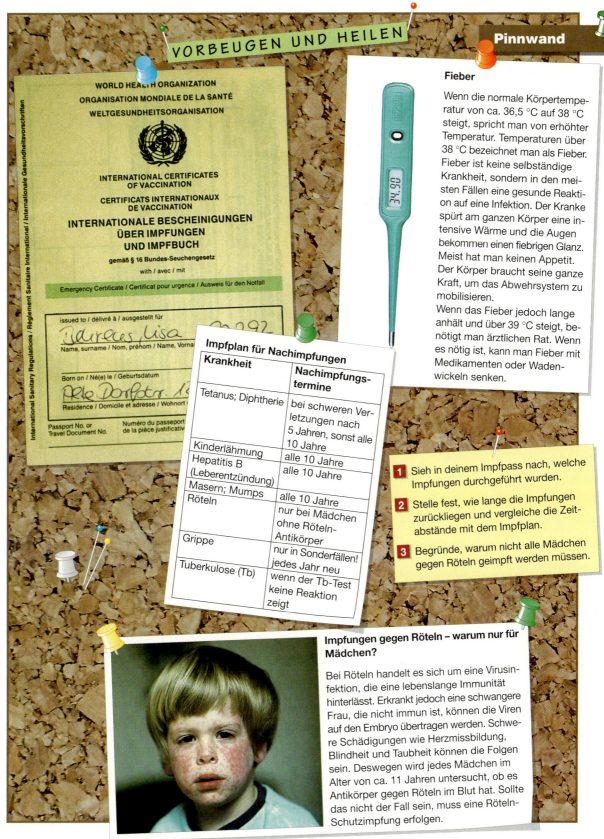

Fieber

Wenn die normale Körpertemperatur von ca. 36,5 °C auf 38 °C steigt, spricht man von erhöhter Temperatur. Temperaturen über 38 °C bezeichnet man als Fieber. Fieber ist keine selbständige Krankheit, sondern in den meisten Fällen eine gesunde Reaktion auf eine Infektion. Der Kranke spürt am ganzen Körper eine intensive Wärme und die Augen bekommen einen fiebrigen Glanz. Meist hat man keinen Appetit. Der Körper braucht seine ganze Kraft, um das Abwehrsystem zu mobilisieren.

Wenn das Fieber jedoch lange anhält und über 39 °C steigt, benötigt man ärztlichen Rat. Wenn es nötig ist, kann man Fieber mit Medikamenten oder Wadenwickeln senken.

Impfplan für Nachimpfungen

Krankheit	Nachimpfungstermine
Tetanus; Diphtherie	bei schweren Verletzungen nach 5 Jahren, sonst alle 10 Jahre
Kinderlähmung	alle 10 Jahre
Hepatitis B (Leberentzündung)	alle 10 Jahre
Masern; Mumps	alle 10 Jahre
Röteln	nur bei Mädchen ohne Röteln-Antikörper
Grippe	nur in Sonderfällen! jedes Jahr neu
Tuberkulose (Tb)	wenn der Tb-Test keine Reaktion zeigt

1 Sieh in deinem Impfpass nach, welche Impfungen durchgeführt wurden.

2 Stelle fest, wie lange die Impfungen zurückliegen und vergleiche die Zeitabstände mit dem Impfplan.

3 Begründe, warum nicht alle Mädchen gegen Röteln geimpft werden müssen.

Impfungen gegen Röteln – warum nur für Mädchen?

Bei Röteln handelt es sich um eine Virusinfektion, die eine lebenslange Immunität hinterlässt. Erkrankt jedoch eine schwangere Frau, die nicht immun ist, können die Viren auf den Embryo übertragen werden. Schwere Schädigungen wie Herzmissbildung, Blindheit und Taubheit können die Folgen sein. Deswegen wird jedes Mädchen im Alter von ca. 11 Jahren untersucht, ob es Antikörper gegen Röteln im Blut hat. Sollte das nicht der Fall sein, muss eine Röteln-Schutzimpfung erfolgen.

Körpereigene Abwehr

Streifzug durch die Medizin — Antibiotika

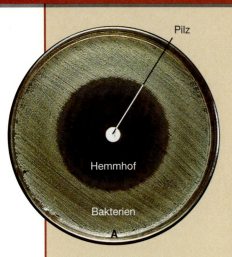

Große Entdeckungen werden oft durch Zufall gemacht. So war es auch im Jahre 1928, als der schottische Bakterienforscher ALEXANDER FLEMING (1881 bis 1955) sein Labor aufräumte. Dabei fiel ihm ein Glasschälchen in die Hand, in dem er vor einiger Zeit Bakterien auf einem speziellen Nährboden gezüchtet hatte. Er wollte die Kulturschale schon wegwerfen, weil sie verschimmelt war, da bemerkte er etwas Sonderbares: In der Nähe der Schimmelpilze wuchsen keine Bakterien! Sollte der Schimmelpilz etwa einen Stoff abgeben, der das Wachstum der Bakterien hemmt oder diese sogar abtötet?

FLEMING führte nun Versuche durch, um seine Vermutung zu überprüfen. Zunächst betrachtete er den Schimmelpilz unter dem Mikroskop. Es war eine Art *Pinselschimmel* mit einem verzweigten Fadengeflecht und langen Reihen aus blaugrünen Sporen an den Enden. Dann züchtete FLEMING den Schimmelpilz in einer speziellen Nährlösung für Bakterien und Pilze. Wenn Bakterien mit dieser Lösung in Kontakt gebracht wurden, hörten sie auf zu wachsen. Damit war also tatsächlich nachgewiesen, dass der Schimmelpilz einen Stoff erzeugt, der die Teilung von Bakterien hemmt. Diesen Stoff nannte FLEMING **Penicillin** nach dem wissenschaftlichen Namen *Penicillium* für den Pinselschimmel.

Leider war die Gewinnung des Penicillins aus dem Pilz sehr schwierig. Erst 1940 gelang es einer For-

1 Penicillin. A *Glasschälchen: Wirkung von Penicillin auf Bakterien;* **B** *der Entdecker A. FLEMING;* **C** *Penicillium-Pilz mit Sporen*

schergruppe Penicillin in größeren Mengen rein herzustellen.
Wenige Jahre später konnten bereits viele Patienten, die an einer Bakterieninfektion erkrankt waren, durch Medikamente geheilt werden, die Penicillin als Wirkstoff enthielten. ALEXANDER FLEMING erhielt für seine Entdeckung 1945 den Nobelpreis für Medizin.

Der Pinselschimmel ist nicht der einzige Pilz, der einen Bakterien tötenden Stoff erzeugt. Heute kennt man etliche solcher Stoffe, weitere wurden von Chemikern künstlich im Labor hergestellt.
Man nennt diese Stoffe **Antibiotika.** Sie schädigen nur Bakterienzellen, auf menschliche Zellen haben sie meist keine oder nur geringe Auswirkungen. Allerdings dürfen Antibiotika nur unter ärztlicher Aufsicht genommen werden, weil sie z. B. auch die nützlichen Bakterien in unserem Dickdarm schädigen.

Durch Antibiotika haben viele Infektionskrankheiten, die noch vor 100 Jahren viele Menschenleben forderten, ihren Schrecken verloren. Doch gibt es auch Rückschläge. Es treten immer häufiger Bakterien auf, die durch Antibiotika nicht mehr angegriffen werden – sie sind **resistent** geworden. Die zunehmende Resistenz von Bakterien zwingt die Forscher dazu, immer neue Antibiotika zu entwickeln oder bereits bekannte chemisch so zu verändern, dass sie ihre Wirksamkeit behalten.

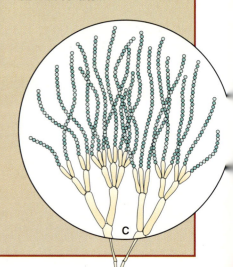

Körpereigene Abwehr

Naturheilmethoden

Streifzug durch die Medizin

1 *Tradioneller Heilpflanzenanbau.* **A** *Klostergarten;* **B** *Kamille*

Sicherlich kennst du Menschen, die bei einem leichten Schnupfen gleich zum Arzt oder in die Apotheke gehen, um sich Medikamente zu kaufen. Bei manchen Erkrankungen sind Medikamente aus der Apotheke erforderlich – aber keineswegs immer!

Immer mehr Menschen besinnen sich heute auf das viele Jahrhunderte alte **Erfahrungswissen** unserer Vorfahren bei der Bekämpfung von Krankheiten mit *Naturheilmitteln*. In allen menschlichen Kulturen gibt die ältere Generation ihr Wissen über natürliche Heilmittel und die **Selbstheilungskräfte** des Körpers an ihre Nachkommen weiter. Dieses überlieferte Wissen nutzen viele Kranke, um die Abwehrkräfte des eigenen Körpers gezielt zu unterstützen.

Die **Naturheilkunde** legt großen Wert auf die gezielte Anwendung von *Sonne, Luft, Wasser, Kälte, Wärme* und *Heilpflanzen*. Zu den *Naturheilmethoden* gehören beispielsweise Kräutertees, Inhalationen und Wadenwickel. Wadenwickel beispielsweise helfen, Fieber zu senken.

2 *Inhalation über Kamilleextrakt*

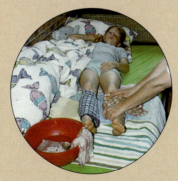

3 *Anlegen eines Wadenwickels*

In Klostergärten werden traditionell seit langer Zeit die verschiedensten **Heilpflanzen** angebaut.
Eine bekannte Heilpflanze ist die *Echte Kamille*. Die Wirkstoffe in den Kamilleblüten wirken entzündungshemmend, schmerzlindernd und beruhigend. Bei Erkältungskrankheiten und Nasennebenhöhlenentzündungen beschleunigt eine **Inhalation** über einem heißen Kamilleauszug die Heilung. *Kamillentee* aus getrockneten Kamilleblüten hilft bei Magen-, Darm- und Unterleibsbeschwerden.

Auch der *Schwarze Holunder* ist eine Heilpflanze. Aus den getrockneten Blüten kannst du einen „Schwitztee" bereiten, der bei Grippe und Bronchitis angewendet wird.

Immer mehr Menschen vertrauen im Krankheitsfall auch auf **homöopathische Medikamente.** Diese Mittel enthalten sehr kleine Mengen an *Wirkstoffen*. Sie sollen die Abwehrkräfte des Körpers unterstützen. Ein Vorteil dieser Medikamente ist, dass sie arm an Nebenwirkungen sind.

Bei schweren Erkrankungen, zum Beispiel bei Krebs oder bei bestimmten Infektionskrankheiten, kann jedoch auf herkömmliche Arzneimittel in den meisten Fällen nicht verzichtet werden.

Körpereigene Abwehr

1 AIDS-Hilfe. A Büro in Hannover; B telefonische Beratung

2 AIDS – eine besondere Infektionskrankheit

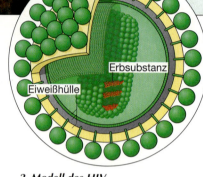

2 Modell des HIV

Es ist Liebe auf den ersten Blick, als Silvia und Michael sich auf der Schulabschlussfete kennen lernen. Allmählich entwickelt sich daraus eine feste Freundschaft, die beide sehr glücklich macht. Doch dann klagt Michael immer häufiger über Durchfall und Fieber. Nach mehreren Behandlungen, die alle keine deutliche Besserung bringen, wird schließlich die Diagnose gestellt: Michael ist HIV-positiv, d. h. er wird an AIDS erkranken.

Was weiß man heute über die Infektionskrankheit **AIDS?** Der Erreger ist ein Virus, das **HIV**. Es befindet sich in vielen Körperflüssigkeiten. Aber nur im Blut, in der Samen- und der Scheidenflüssigkeit sind die Viren in so großer Zahl vorhanden, dass man sich anstecken kann. Der Erreger kann nur übertragen werden, wenn die Viren über eine Wunde in der Haut oder der Schleimhaut einen Weg in den Körper finden. Am häufigsten steckt man sich durch ungeschützten Geschlechtsverkehr an.

Die Infektion wird kaum bemerkt. Im Laufe von 2 bis 4 Monaten bildet das Immunsystem Antikörper gegen die Viren. Bei einem AIDS-Test kann man diese Antikörper dann nachweisen: Man ist *HIV-positiv*. Die gebildeten Antikörper schaffen es jedoch nicht, die HI-Viren unschädlich zu machen.

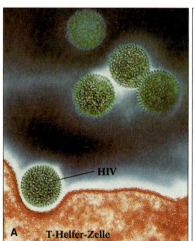
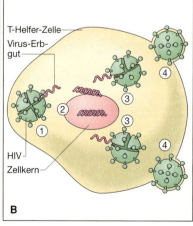

- Lymphknotenschwellung
- Durchfall
- Fieber
- Nachtschweiß
- Gewichtsverlust

3 Verlauf einer HIV-Erkrankung. A Infektion; B Viren-Vermehrung in einer T-Helfer-Zelle. ① HIV zerfällt und setzt sein Erbgut frei, ② im Zellkern wird neues HIV-Erbgut gebildet, ③ neue HIV entstehen, ④ HIV werden freigesetzt; C Vorstadium

Körpereigene Abwehr

Die Viren können sich nämlich so verändern, dass sie von den Antikörpern nicht mehr als „Feinde" erkannt werden.

Die HI-Viren brauchen wie alle Viren lebende Körperzellen, um sich zu vermehren. Und hier zeigt sich die nächste Besonderheit: Das Virus sucht sich nicht irgendeine Körperzelle, sondern es befällt die T-Helfer-Zellen des menschlichen Immunsystems. Es schleust sein Erbgut in das Erbgut der T-Helferzellen. Diese beginnen daraufhin neue Viren zu produzieren statt sie abzuwehren. Die neuen Viren befallen ihrerseits andere Helferzellen.

Dabei nimmt die Anzahl der Helferzellen allmählich immer mehr ab. Dieser Vorgang kann sich über Jahre hinziehen, bis das Immunsystem geschwächt ist.

Nun, im *Vorstadium* zeigen sich erste Anzeichen der Krankheit. Doch die sind es nicht allein, mit denen der Infizierte jetzt zu kämpfen hat. Oftmals erfährt er, dass er von Kollegen und Freunden aus Angst und Unwissenheit verlassen wird oder seine Arbeit verliert. Dann fühlt sich der betroffene Mensch mit all seinen Sorgen und Ängsten allein gelassen. Einrichtungen wie die **AIDS-Hilfe** können in solchen Fällen lebenswichtige Unterstützung leisten.

Auf die Kranken kommen schwere Zeiten zu. Wenn das Immunsystem immer schwächer wird, ist die weitere Vermehrung der HI-Viren kaum mehr zu stoppen. Schließlich bricht das Immunsystem zusammen. Andere sonst harmlose

---
Stichwort
AIDS und HIV
AIDS = **A**cquired **I**mmune **D**eficiency **S**yndrome = erworbenes Abwehrschwäche-Syndrom
HIV = **H**uman **I**mmune **D**eficiency **V**irus = Humanes Immunschwäche-Virus

---

Krankheitskeime und Hautpilze befallen den Infizierten, der diese Erreger nicht mehr bekämpfen kann.
Man bezeichnet dieses Stadium als *Vollbild* der AIDS-Erkrankung. Es führt schließlich zum Tod.

Heute hat man Medikamente entwickelt, die bei einigen HIV-Infizierten die Vermehrung der Viren verlangsamen oder die Infektionen im Endstadium lindern können. Zur Zeit, im Jahr 2000, gibt es aber weder eine Heilung noch einen wirksamen Impfstoff. Deshalb bleibt die Vermeidung der Ansteckung der einzige Schutz vor dieser tödlichen Infektionskrankheit, die im Jahr 1998 weltweit ca. 30 Millionen Menschen befallen hat.

> AIDS ist eine Infektionskrankheit, die von dem HI-Virus übertragen wird. Dabei wird das Immunsystem so geschwächt, dass zahlreiche Erkrankungen schließlich zum Tode führen.

1 AIDS unterscheidet sich von einer „normalen" Infektionskrankheit. Beschreibe die unterschiedlichen Merkmale.
2 Beschreibe die Vermehrung von HIV anhand der Abbildung 3 B.
3 Warum ist es wichtig, dass ein HIV-infizierter Mensch möglichst frühzeitig von seiner Ansteckung erfährt?
4 Du hast die Geschichte von Silvia und Michael gelesen. Wie sollten die beiden sich deiner Meinung nach verhalten? Wer könnte ihnen helfen?

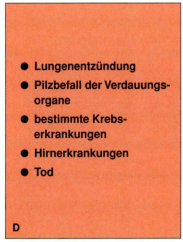

D *Vollbild AIDS*

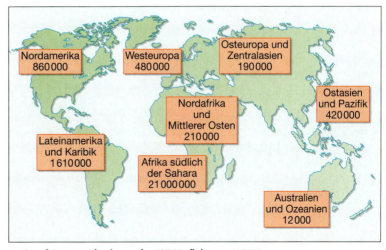

4 Geschätzte Verbreitung der HIV-Infizierten (1998)

Körpereigene Abwehr

Streifzug durch die Medizin

Übertragungswege und Schutz vor HIV-Infektionen

① Durch das gemeinsame Benutzen von Geschirr, Gläsern und Besteck kann man sich nicht anstecken.
② Es ist kein Fall bekannt, bei dem Mücken, Hunde, Katzen oder andere Tiere HIV auf den Menschen übertragen haben.
③ In öffentlichen Schwimmbädern, in der Sauna und auf Toiletten ist eine Ansteckung nicht möglich.
④ Körperkontakte wie Umarmungen, Händeschütteln, Küssen und Petting bleiben ohne gesundheitliche Folgen.

⑧ Wenn eine HIV-infizierte Frau ein Baby bekommt, kann das Kind sich während der Schwangerschaft oder der Geburt oder beim Stillen anstecken.
⑨ Wenn Drogenabhängige, von denen einer infiziert ist, Spritzen gemeinsam benutzen, ist das Infektionsrisiko hoch. Einmalspritzen verhindern die Ansteckung mit HIV.
⑩ Die meisten Menschen stecken sich beim ungeschützten Geschlechtsverkehr an. Der Analverkehr ist besonders riskant, weil die Darmschleimhaut sehr

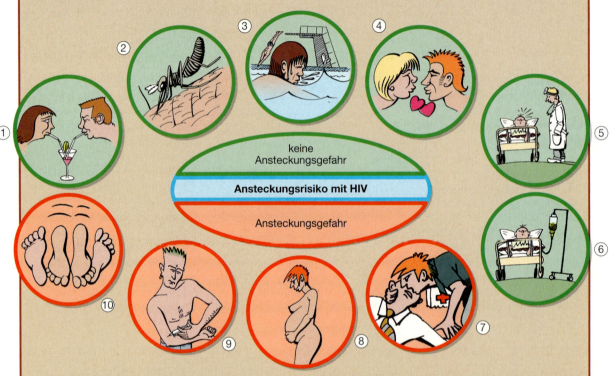

⑤ Bei der Pflege von HIV-infizierten Menschen besteht kein Ansteckungsrisiko, wenn die vorgeschriebenen Hygienemaßnahmen eingehalten werden.
⑥ Als die ersten AIDS-Fälle bekannt wurden, wusste man noch wenig über die Ansteckungsgefahren. Blutkonserven wurden noch nicht auf HIV untersucht und so erhielten einige Menschen mit dem lebensrettenden Blut auch das tödliche Virus. Heute kann man davon ausgehen, dass das HIV-Ansteckungsrisiko bei Bluttransfusionen sehr gering ist.
⑦ Bei Erste-Hilfe-Maßnahmen wie der Atemspende wird empfohlen, Masken und Schutzhandschuhe zu benutzen.

verletzlich ist. Aber auch beim Oralverkehr kann man sich anstecken.
Der einzige wirksame Schutz vor Ansteckung ist das Kondom, wenn es richtig angewendet wird. Wem die eigene Gesundheit und auch die des Partners wichtig ist, wird sich verantwortungsvoll verhalten und kein Risiko eingehen. Ein offenes Gespräch über das eigene Sexualverhalten und das des Partners schafft Vertrauen und ist eine gute Voraussetzung für die gemeinsame Entscheidung: Wir schützen uns vor AIDS.

Körpereigene Abwehr

Toby – ein Junge kämpft gegen AIDS

Streifzug durch die Sozialkunde

1 Tobias mit seiner Mutter

Tobias war 15 Jahre alt, als er wie viele andere Jugendliche den Mofaführerschein machen wollte. Er träumte davon, kurze Entfernungen mit dem Mofa leichter überwinden zu können. Das Laufen fiel ihm in letzter Zeit immer schwerer. Tobias hatte AIDS.

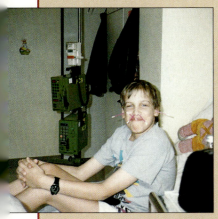

2 Spaß trotz schwerer Krankheit

Von Geburt an war Toby Bluter und bekam mit 6 Jahren regelmäßig ein Blutgerinnungsmittel gespritzt. Irgendwann war eine mit HIV verseuchte Ampulle dabei, die sein Leben total verändern sollte.

Als Tobias mit 8 Jahren immer häufiger unter Fieber und Erkältungen litt, schließlich eine Lungenentzündung bekam, war es das sichere Zeichen, dass die Krankheit ausgebrochen war. Seit dieser Zeit musste Tobias zahllose Krankenhausaufenthalte hinter sich bringen. Seine Mutter war stets an seiner Seite. Sie klärte ihn über die Krankheit AIDS auf, so gut sie konnte. Sie sprach mit ihm auch über den möglichen Verlauf.

Als die Krankheit weiter fortgeschritten war, konnte Toby kaum noch Nahrung zu sich nehmen. Man legte eine Magensonde, sodass die wichtigsten Nährstoffe zugeführt werden konnten.

Toby wurden weitere künstliche Ausgänge gelegt, damit auch Medikamente leichter verabreicht werden konnten. War Tobias zu Hause, kam jeden Abend ein Pfleger zu ihm, um ca. eine Stunde lang die verschiedenen Medikamentenbeutel anzuschließen. Toby passte genau auf, dass auch nichts vergessen wurde. Während der ganzen Nacht tropften die notwendigen Arzneien in sein Blut. Regelmäßig musste er sich nachts übergeben. Doch damit hatte er sich abgefunden. Toby hatte niemandem von seiner AIDS-Erkrankung erzählt, um es sich nicht noch schwerer zu machen. Es war schon schlimm genug für ihn, dass seine Schulfreunde ihn immer seltener besuchten. Er konnte bei den Spielen nicht mit ihnen mithalten und die vielen Behandlungen machten den Schulbesuch unmöglich.

Trotz der zunehmenden Schwäche wollte sich der lebenslustige Toby nicht unterkriegen lassen. So lernte er eifrig für die theoretische Mofaprüfung, die er problemlos bestand. Erinnerungen an schöne Erlebnisse halfen ihm, schwere Stunden zu überwinden. Dazu gehörte der Besuch im Euro-Disney-Land in Paris. Er genoss jeden Tag dieser Ausflüge, auch wenn er jetzt schon auf den Rollstuhl angewiesen war.

3 Toby im Disney-Land

Mit der Zeit jedoch wurden die Blutwerte von Tobias immer schlechter. Die Wirkung der Medikamente nahm immer mehr ab. Da Toby immer mit seiner Mutter aufrichtig gesprochen hatte, konnten beide den Tod annehmen. Tobias starb friedlich mit 15 Jahren am 1. November 1993.

1 Lies die Geschichte über Tobias.
a) Wie meisterte Tobias trotz AIDS sein Leben?
b) Tobias erzählte anderen Menschen nichts von seiner AIDS-Erkrankung. Welche Gründe könnte er dafür gehabt haben?
c) Vergleiche dein Leben mit den Erfahrungen von Tobias.
d) Welche Ziele hast du für dein Leben?

Körpereigene Abwehr

1 Birkenpollen als Allergieauslöser. A männliche Birkenblüte mit Pollen; B einzelner Birkenpollen (1600fach, Elektronenmikroskop); C allergische Reaktion

3 Allergien – das Immunsystem spielt verrückt

Es ist Anfang April, als Petra mit ihren Freundinnen zu einer Radtour startet. Als sie abends nach Hause kommt, kribbelt ihre Nase fürchterlich und sie muss dauernd niesen. Ihre Augen jucken und beginnen zu tränen. Ob Petra sich wohl einen Schnupfen geholt hat?

Petra lässt sich vom Arzt untersuchen. Dieser vermutet eine **Allergie.** Nach einem Hauttest stellt er fest, dass Petra auf Birkenpollen allergisch reagiert.

Eine **Allergie** ist die Folge einer Überreaktion des körpereigenen Abwehrsystems. Dabei reagiert der Körper auf Stoffe, denen wir im Alltag ständig begegnen. Sie können sowohl natürlicher Herkunft sein oder chemisch hergestellt werden. Die allergieauslösenden Stoffe heißen **Allergene**.

Wie verläuft eine Allergie? Beim *ersten Kontakt* mit dem Allergen stellen die *Plasmazellen* Antikörper her. Diese *Antikörper* setzen sich auf *Mastzellen* fest, die sich vermehrt in der Nase befinden. Mastzellen sind freie Zellen, die an der Heilung von Entzündungsprozessen beteiligt sind. Der Körper ist nun sensibilisiert. Beim *Zweitkontakt* mit dem Allergen verbindet sich dieses mit den Antikörpern. Als Folge schütten die Mastzellen ein Hormon, das *Histamin*, aus.

Das Hormon bewirkt ein Anschwellen der Schleimhäute, die Absonderung von Schleim, die Verengung der Luftröhre und Bronchien – alles Symptome eines allergischen Schnupfens. Außerdem werden die Blutgefäße erweitert. Es kommt zu einer örtlich verstärkten Durchblutung, die als Hautrötung zu erkennen ist.

> Eine Allergie ist eine Überreaktion des Körpers. Die Auslöser für Allergien, Allergene genannt, sind überall in der Umwelt anzutreffen.

1 Erstelle eine Skizze, die den Ablauf einer allergischen Reaktion darstellt.

2 Besorge dir beim Arzt oder in der Apotheke einen Pollenkalender.
a) Stelle fest, in welchen Monaten die meisten Pollen fliegen.
b) Finde heraus, auf welche Pollen ein Allergiker reagieren könnte, wenn er im August einen allergischen Schnupfen bekommt.

① Blütenpollen
② Nasenschleimhaut
③ Antikörper auf einer
④ Mastzelle
⑤ Botenstoffe, z. B. Histamin

2 Kettenreaktion beim Kontakt mit Blütenpollen

Körpereigene Abwehr

VERSCHIEDENE ALLERGIEN

Pinnwand

Medikamentenallergie

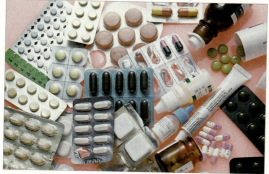

Ursache: bestimmte Antibiotika, Schmerz- und Rheumamittel, Psychopharmaka
Symptome: juckende Hauterkrankungen, Fieber

Insektengiftallergie

Ursache: Insektengift von Bienen und Wespen
Symptome: Schwellungen, Atemnot, beschleunigter Herzschlag, Übelkeit, Erbrechen, Kreislaufkollaps

Tierhaarallergie

Ursache: Haarschuppen, die an Tierhaaren haften
Symptome: Schnupfen, Atemnot, Jucken in den Augen

Nahrungsmittelallergie

Ursache: Verzehr von bestimmten Lebensmitteln
Symptome: Schwellungen und Juckreiz an den Lippen, im Mund und Hals; Übelkeit; Erbrechen; Bauchschmerzen; Durchfall; Husten; Atemnot; Kopfschmerzen

Hausstauballergie

Hausstaubmilbe (elektronenmikroskopische Aufnahme, ca. 500fach vergrößert)

Ursache: Ausscheidungsprodukte von Milben
Lebensraum: Milben leben im Hausstaub in Teppichböden, Polstermöbeln, Matratzen, feuchten Kleiderschränken
Lebensweise: Milben ernähren sich von menschlichen Hautschuppen
Symptome: allergischer Dauerschnupfen, Asthma

1. Überlege dir Berufe, in denen das Risiko, eine Allergie zu bekommen, besonders groß ist.
2. Stell dir vor, du bist gegen Kuhmilch allergisch.
   a) Zähle Lebensmittel auf, die du nicht essen darfst.
   b) Mache einen Vorschlag für einen Tagesspeiseplan, der dir bekommen wird.

Körpereigene Abwehr

1 Sonnenbaden

Kinder in der Sonne stärker gefährdet
New York (dpa). Vor Beginn der Sommersaison mahnen Krebsforscher eindringlich, die Haut von Kindern unter 15 Jahren vor den Strahlen der Sonne zu schützen. „Kinder haben noch nicht genügend schützenden Farbstoff in ihrer Haut aufgebaut und reagieren weitaus stärker auf die ultravioletten Strahlen als Erwachsene", sagt der deutsche Wissenschaftler Meinhard Herlyn. Herlyn wies darauf hin, dass Hautkrebs immer mehr und immer jüngere Menschen befällt. In den USA erkrankten im vergangenen Jahr (1997) fast eine Million Menschen an Hautkrebs, darunter 43 000 an dem besonders gefährlichen „schwarzen Hautkrebs" (Melanom).

4 Sonne geht unter die Haut

Urlaub und Sonne – das gehört irgendwie zusammen. Viele Menschen machen Ferien im Süden, um sich zu erholen und um Sonne zu tanken. Sonnenstrahlen können uns richtig gut tun. Sie verbessern unsere Laune, fördern die Durchblutung und unterstützen die Bildung des Vitamin D, das für gesunde Knochen und Zähne notwendig ist.

Stundenlanges Sonnenbaden dagegen schadet der Haut. Jeder kennt die Folgen: Die Haut rötet sich, schwillt an und brennt unangenehm. Nach einigen Tagen scheint alles geheilt zu sein.

Was wir aber zu diesem Zeitpunkt nicht merken, ist die langfristige Wirkung des Sonnenlichts auf die Haut. Die ultravioletten Strahlen der Sonne, die **UV-Strahlen,** sind für den Menschen nicht sichtbar. Sie können aber die Erbinformation der Hautzellen verändern. Diese beginnen unkontrolliert zu wuchern: Es entsteht **Krebs.** Die bedrohlichste Hautkrebsart ist das *schwarze Melanom*.

Menschen mit heller Haut, blonden oder roten Haaren und vielen Sommersprossen sind besonders gefährdet. Noch stärker betroffen sind Kinder. Sie haben eine sehr empfindliche Haut, die keinen Sonnenbrand „vergisst". Hellhäutige Menschen und Kinder müssen ihre Haut auf jeden Fall schützen. Sie sollten ihre Haut regelmäßig vom Arzt untersuchen lassen.

> Das UV-Licht der Sonne schädigt die Erbinformation in den Hautzellen. Dadurch kann es nach Jahren zu Hautkrebs kommen. Schutz vor Sonnenbrand und Vorsorgeuntersuchungen sind wichtige Maßnahmen gegen den Hautkrebs.

2 Entwicklung zum Hautkrebs.
A gesunde Haut; **B** Krebszellen der Hautoberfläche; **C** ausgedehnter Krebs im Gewebe

3 Schwarzes Melanom

1 Welche Körperstellen reagieren besonders empfindlich auf Sonnenstrahlen?
2 Erkläre, wie man sich vor einem Sonnenbrand schützen kann.
3 Warum reagieren Kinder besonders empfindlich auf Sonnenstrahlen? Beschreibe.

Körpereigene Abwehr

Krebs

Streifzug durch die Medizin

Krebs ist eine uralte Krankheit. Untersuchungen von 3500 Jahre alten Skeletten und Mumien lassen darauf schließen, dass die Menschen schon damals an Krebs erkrankt und gestorben sind. Nach Herz- und Kreislauferkrankungen ist Krebs in den Industrieländern heute die häufigste Todesursache. Alle Organe können mit Krebs befallen werden.

Was ist eigentlich Krebs? Im Normalfall werden die Zellteilungen in allen Geweben des Körpers vom Gesamtorganismus kontrolliert. Sind Zellen von Krebs befallen, findet eine unkontrollierte Zellvermehrung statt und die Zellen spezialisieren sich nicht mehr. Die Krebszellen bilden dann innerhalb des Gewebes eine Geschwulst, einen **Tumor**. Man unterscheidet gutartige und bösartige Tumore.

Gutartige Tumore sind meist nicht lebensbedrohend, da sie nicht in benachbartes Gewebe eindringen und sich nicht im Körper ausbreiten.

Die Zellen *bösartiger Tumore* teilen sich unkontrolliert. Der Tumor breitet sich auch in dem umliegenden Gewebe aus und zerstört dieses. Einzelne Krebszellen können über Lymph- oder Blutgefäße an andere Stellen des Körpers transportiert werden und dort Tochtergeschwülste, die **Metastasen,** bilden.

Krebs kann durch verschiedene Ursachen hervorgerufen werden. Zahlreiche Stoffe, die in Tabakrauch oder in Auto- und Industrieabgasen enthalten sind, sind krebsauslösend oder **karzinogen.**

Einige Zusatzstoffe in Lebensmitteln und bestimmte Pilzgifte in verschimmelten Nahrungsmitteln können ebenfalls Krebs verursachen.

Auch beim Grillen entstehen krebsauslösende Stoffe. Röntgenstrahlen, UV-Strahlen und radioaktive Strahlung werden ebenfalls für Krebs verantwortlich gemacht. Auch Stress kann das Krebsrisiko erhöhen.

Heute wissen die Wissenschaftler, dass es im Erbgut Anlagen geben kann, die die Entstehung von Krebs auslösen können. Es kommt zur Krebsbildung, wenn diese Anlagen aktiviert werden.

Erkennt ein Arzt eine Krebserkrankung in einem frühen Stadium, ist eine Heilung möglich. Ist der Krebs schon weit fortgeschritten, versuchen die Mediziner durch Bestrahlung und Behandlung mit Medikamenten die Krankheit zu begrenzen. Neue Hoffnungen werden in die Gentechnik gesetzt.

Besonders bei Krebserkrankungen sind vorbeugende Maßnahmen sehr wichtig. Dazu gehört eine Lebensführung, die die Einwirkung karzinogener Stoffe auf den Körper möglichst gering hält.

Regelmäßige Vorsorgeuntersuchungen bei einem Arzt tragen zur frühen Erkennung der Krankheit bei. Im eigenen Interesse sollten Beobachtungen des eigenen Körpers auf Veränderungen, zum Beispiel das Größerwerden eines Muttermals oder Dauerbeschwerden, selbstverständlich sein.

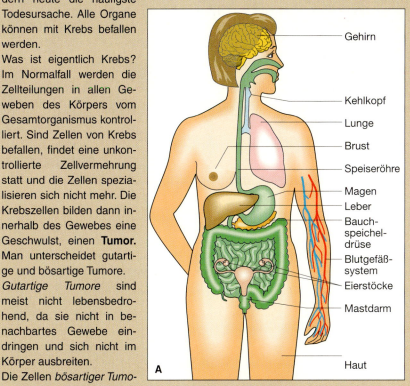

1 Krebs. A *Stellen im weiblichen Körper, in denen Tumore entstehen können;* **B** *krebsauslösende Stoffe*

Körpereigene Abwehr

1 Stress im Alltag

5 Mit Stress kann man leben

„Michaela, steh endlich auf, es ist schon halb acht." Immer noch schläfrig hört Michaela, wie ihre Mutter sie zum dritten Mal weckt. Doch dann ist Michaela plötzlich hellwach. Schon halb acht? Wie soll sie dann nur den Schulbus schaffen? In der ersten Stunde wird eine Klassenarbeit geschrieben. Michaela hetzt ins Bad, springt in ihre Sachen, greift die Schultasche und läuft los. Gerade noch rechtzeitig erwischt sie den Bus, um pünktlich in der Schule zu sein.

Sicher hast du auch schon einen ähnlichen Start in den Tag erlebt. Wenn wir wie Michaela unter Zeit- und Leistungsdruck stehen, erleben wir **Stress**. Unser Körper reagiert auf eine solche belastende Situation, indem er das Hormon *Adrenalin* ins Blut abgibt. Adrenalin bewirkt, dass das Herz schneller schlägt, der Blutdruck steigt, die Muskeln gut durchblutet werden und wir tiefer atmen. Gleichzeitig werden Energiereserven aktiviert. So wird z. B. das stärkeähnliche Glykogen in der Leber zu Glucose (Traubenzucker) abgebaut und ans Blut abgegeben. So werden in Sekundenschnelle wichtige Energielieferanten für Muskelarbeit und Kreislauf bereitgestellt. Wir sind jetzt in der Lage, kurzfristig körperliche Hochleistungen zu erbringen. Dass eine solche Stressreaktion durchaus sinnvoll ist, hat auch Michaela gemerkt, als sie zur Bushaltestelle rannte. Im Bus kann Michaela sich erholen. Der Adrenalingehalt des Blutes sinkt, Herz und Kreislauf beruhigen sich allmählich.

Als der Lehrer die Aufgaben für die Klassenarbeit ausgibt, stellt Michaela fest, dass sie die Formelsammlung vergessen hat. Sie gerät in Panik. Mit klopfendem Herzen und feuchten Händen sitzt sie vor den Aufgaben. Kein Lösungsweg will ihr einfallen.

Diese Reaktion ist typisch für eine Stresssituation, in der zwar alle Kraftreserven des Körpers bereitgestellt werden, gleichzeitig aber das Nachdenken verhindert wird. Das nennt man „Denkblockade".

2 Reaktionen auf Stress. A normaler Stressablauf; B Dauerstress

Körpereigene Abwehr

Jetzt hilft es Michaela nur, den Lehrer nach den erforderlichen Unterlagen zu fragen, tief durchzuatmen, um dann an die Arbeit zu gehen.

Wenn im Leben eines Menschen eine Stresssituation auf die andere folgt, befindet er sich im **Dauerstress.** Weil die Erholungsphasen fehlen, wird auch das Abwehrsystem geschwächt: Man wird anfälliger gegenüber zahlreichen Krankheiten. Bluthochdruck, Migräne, Magen- und Darmerkrankungen, Herzinfarkt oder sogar Krebs können die Folgen sein. Der Mensch kennt aber nicht nur den krank machenden *negativen Stress,* den **Disstress,** sondern er erlebt bei sehr großer Freude oder bei Verliebtheit auch *positiven Stress,* den **Eustress.** Dann fühlt er sich stark und voller überschüssiger Energie und könnte „Bäume ausreißen".

> Unter Stress werden sofort alle Kraftreserven des Körpers bereitgestellt, um schnell reagieren zu können. Bei Dauerstress drohen erhebliche gesundheitliche Schäden.

1 Welche Stresssituationen sind in der Abbildung 1 dargestellt?
2 Welche Situationen in deinem Alltag empfindest du als besonders „stressig"?
3 Was kannst du tun, um Stress zu vermeiden?
4 Betrachte die Abbildungen 2 A und B. Erläutere den Unterschied zwischen dem Ablauf des normalen Stresses und dem des Dauerstresses.
5 Wie erholst du dich von einem „stressigen" Tag?
6 Betrachte Abbildung 3. Finde zu den Buchstaben deines Namens weitere Begriffe zum Stressabbau.
7 Beschreibe Beispiele für positiven Stress.

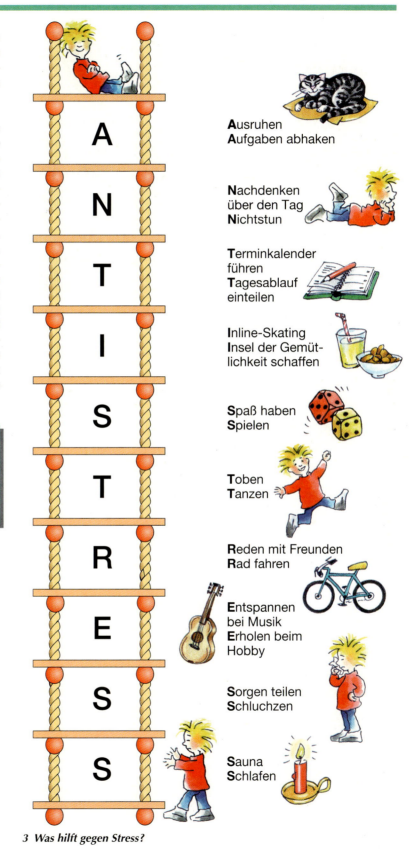

3 Was hilft gegen Stress?

Körpereigene Abwehr

Pinnwand — MIT SPORT GUT DRAUF

Inline-Skating
Pro: fördert Ausdauer und Geschicklichkeit; trainiert Gleichgewicht; Spaß durch Gleiterlebnis
Contra: Stürze mit Verletzungen von Schulter, Arm, Knie und Kopf; Zusammenstöße mit anderen Teilnehmern im Straßenverkehr
Beachte: gute Qualität der Inline-Skates wählen; Ellenbogen- und Kniepolster; Handschutz und Schutzhelm tragen

Kraft-training
Pro: Ausbildung der Muskulatur; bessere Körperhaltung; Zufriedenheit mit dem Aussehen
Contra: Überlastung der Gelenke durch falsches Training; Gefahr für Bluthochdruckkranke
Beachte: Trainer zu Beginn notwendig; Aufwärmphase besonders wichtig; mit Ausdauersport kombinieren

Interview mit Bettina

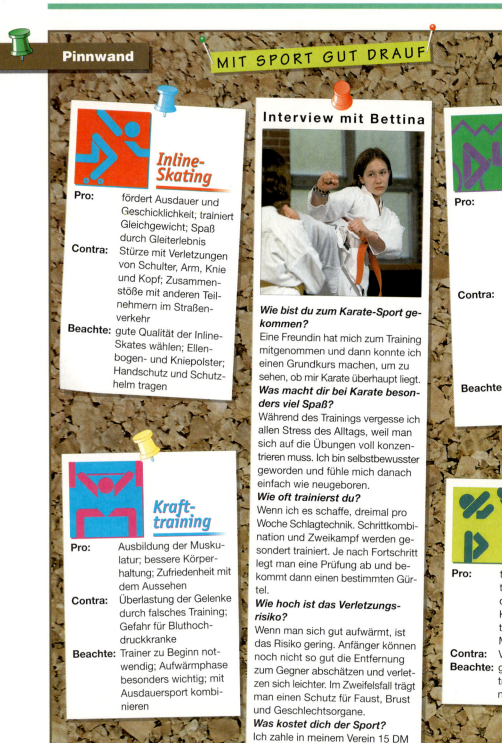

Wie bist du zum Karate-Sport gekommen?
Eine Freundin hat mich zum Training mitgenommen und dann konnte ich einen Grundkurs machen, um zu sehen, ob mir Karate überhaupt liegt.

Was macht dir bei Karate besonders viel Spaß?
Während des Trainings vergesse ich allen Stress des Alltags, weil man sich auf die Übungen voll konzentrieren muss. Ich bin selbstbewusster geworden und fühle mich danach einfach wie neugeboren.

Wie oft trainierst du?
Wenn ich es schaffe, dreimal pro Woche Schlagtechnik. Schrittkombination und Zweikampf werden gesondert trainiert. Je nach Fortschritt legt man eine Prüfung ab und bekommt dann einen bestimmten Gürtel.

Wie hoch ist das Verletzungsrisiko?
Wenn man sich gut aufwärmt, ist das Risiko gering. Anfänger können noch nicht so gut die Entfernung zum Gegner abschätzen und verletzen sich leichter. Im Zweifelsfall trägt man einen Schutz für Faust, Brust und Geschlechtsorgane.

Was kostet dich der Sport?
Ich zahle in meinem Verein 15 DM im Monat. In speziellen Karateschulen kann es aber auch teurer sein.

Mountainbiking
Pro: bringt Ausdauer; kräftigt Beinmuskulatur; übt Gleichgewicht; auch für Übergewichtige geeignet; Naturerlebnis; umweltfreundliche Fortbewegung
Contra: Rückenprobleme bei falscher Sitzeinstellung; Beanspruchung der Kniegelenke; Verletzungsgefahr durch Stürze; Zerstörung von Natur beim Querfeldeinfahren
Beachte: Radwege benutzen; grellfarbene Kleidung tragen; Helm aufsetzen

Basketball
Pro: trainiert Wurf- und Fangtechniken; fördert Kondition, Sprungkraft und Koordinationsfähigkeit; trainiert Schnelligkeit; Mannschaftserlebnis
Contra: Verletzungsgefahr
Beachte: geeignete Sportschuhe tragen; Taktik- und Techniktraining notwendig

1 Welchen Sport hast du gewählt? Begründe.

Körpereigene Abwehr

Prüfe dein Wissen

A1 Jeden Tag können wir uns mit Infektionskrankheiten infizieren.
a) Erkläre, was man unter einer Infektionskrankheit versteht.
b) Entscheide, welche der folgenden Krankheiten von Bakterien oder Viren verursacht werden: Polio (Kinderlähmung); Keuchhusten; Scharlach; Masern; Hepatitis; Tuberkulose; Röteln; Mumps.
c) Auf welchen Wegen gelangen Krankheitserreger in den Körper?

A2 Hier sind Phasen einer Infektionskrankheit durcheinander geraten: Inkubationszeit, Ausbruch der Krankheit, Infektion.
a) Bringe die Phasen in die richtige Reihenfolge.
b) Welche Phase fehlt? Füge sie an der richtigen Stelle ein.

A3 Welche der folgenden Aussagen trifft auf Bakterien oder auf Viren zu?
a) Mikroorganismen;
b) Verursacher von Windpocken und Grippe;
c) etwa 1/1000 mm groß;
d) bestehen im Wesentlichen aus der Erbsubstanz und einer Eiweißhülle;
e) Ursache von Keuchhusten, Scharlach, Tuberkulose;
f) kein eigener Stoffwechsel, kein Wachstum, keine selbstständige Vermehrung;
g) Zellwand

A4 Beschrifte die folgende Skizze eines Bakteriums. Ordne dazu den Ziffern die richtigen Begriffe zu.

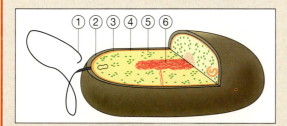

A5 Vergleiche Schutzimpfung und Heilimpfung. Stelle dazu Gemeinsamkeiten, Unterschiede, Vorteile und Nachteile in einer Tabelle zusammen.

A6 Gib die Bedeutung der Buchstaben AIDS und HIV an.

A7 Gib an, welche Aussagen auf AIDS zutreffen.
a) Erreger: Virus;
b) Erreger: Bakterium;
c) Symptome: Gewichtszunahme; Aktivierung des Immunsystems;
d) Immunsystem: geschwächt;
e) bei einem HIV-positiven Menschen: große Erregermengen nur im Blut, in der Samenflüssigkeit und der Scheidenflüssigkeit;
f) Art der Krankheit: Infektionskrankheit;
g) Ansteckung: über Atemluft, durch Händedruck oder Kuss auf die Wange

A8 HI-Viren brauchen wie alle Viren Wirtszellen zur Vermehrung. Welche der folgenden Zellen werden von dem Virus befallen?
a) Riesenfresszellen; b) Hautzellen; c) T-Helferzellen; d) Mastzellen

A9 Allergien treten bei immer mehr Menschen auf.
a) Bringe folgende Wörter in die richtige Reihenfolge: eine; auf; ist; Überreaktion; Immunsystems; Allergie; körperfremde; auf; des; Substanzen; eine.
b) In der Abbildung siehst du eine Kettenreaktion in der Nase beim ersten Kontakt mit Blütenpollen. Beschrifte die Abbildung.

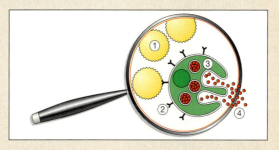

A10 Erläutere die folgenden Begriffe in je einem Satz:
a) Metastasen;
b) karzinogene Stoffe;
c) Allergien;
d) Symptom.

Ohne Wasser kein Leben

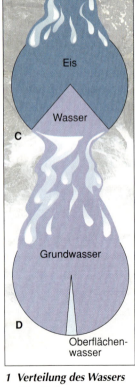

1 Verteilung des Wassers auf der Erde

1 Leben ist an Wasser gebunden

Unter den Planeten unseres Sonnensystems ist die Erde einzigartig. Nur auf ihr gibt es riesige Wassermengen, und nur auf ihr findet sich ein üppiges Leben.
Etwas mehr als ein Viertel der Erdoberfläche ist Land, fast drei Viertel sind von Wasser bedeckt. Der größte Teil des Wassers auf der Erde ist **Salzwasser**. Es füllt die Meere und Ozeane.
Nur ein sehr kleiner Rest ist **Süßwasser**. Der größte Teil davon ist gefroren. Dieses Eis liegt am Nordpol und am Südpol und in den Gletschern der Gebirge. Nur ein Fünftel des Süßwassers ist als **Grundwasser** im Boden versickert oder füllt als **Oberflächenwasser** Seen, Flüsse und Bäche. Ein noch kleinerer Teil des Süßwassers bildet die Wolken und ist in der Luft enthalten.

Leben ist an Wasser gebunden. In den vielfältigsten Formen bevölkern Lebewesen die Meere ebenso wie die Gewässer des Binnenlandes. Aber auch auf dem Land kann sich reichhaltiges Leben nur dort entwickeln, wo ausreichend Wasser vorhanden ist.

Quallen bestehen zu fast 99 % aus Wasser, grüne Pflanzenteile zu 80 bis 90 %, erwachsene Menschen zu etwa 65 %. Jeder Mensch nimmt pro Tag etwa drei Liter Wasser zu sich. Weltweit wird über ein Drittel der Ernten auf künstlich bewässerten Flächen erzeugt. Drei Viertel des Süßwassers, das der Mensch nutzt, wird für die Landwirtschaft verwendet. Den Rest verbrauchen private Haushalte und die Industrie.

Ohne Wasser kein Leben

1.1 Wasser – ein wichtiges Lebensmittel

Alle Pflanzen und Tiere und natürlich auch wir Menschen brauchen zum Leben Wasser. Es ist für uns alle ein **Lebensmittel,** das durch nichts ersetzt werden kann.

Manche Lebewesen können mit Wasser verschwenderisch umgehen, weil es in ihrer Lebenswelt reichlich vorhanden ist. Andere, die in trockenen Gegenden zu Hause sind, müssen sparsam sein. Einige, wie der Wüstenkuckuck oder die Wüstenspringmaus, kommen sogar mit dem wenigen Wasser aus, das in ihrer festen Nahrung enthalten ist.

Manche Pflanzen, etwa die Kakteen, können sehr lange ohne Wasser auskommen. Sie nehmen bei den seltenen Regenfällen mit ihrem ausgedehnten Wurzelwerk schnell sehr viel Wasser auf und können es lange speichern. Das reicht dann bis zum nächsten Regenguss, der oft Monate oder Jahre auf sich warten lässt. Doch dort, wo es niemals regnet, können nicht einmal Kakteen leben.

Nicht alle Menschen auf der Erde werden wie wir ausreichend und bequem mit Wasser versorgt. Oft müssen sie ihr **Trinkwasser** aus Seen, Flüssen, Quellen oder Brunnen holen und kilometerweit zu ihren Häusern tragen. An anderen Orten wird Regenwasser gesammelt und als Trinkwasser verwendet.

Es gibt Gegenden, in denen die Menschen **Wassermangel** selbst verursacht haben. Ein Beispiel dafür ist der Aralsee zwischen Kasachstan und Usbekistan in Asien. Er war vor 50 Jahren der viertgrößte See der Erde, so groß etwa wie die Länder Niedersachsen und Rheinland-Pfalz zusammen. Damals war der Aralsee reich an Fischen. Zwei große Flüsse, der Syr-Darja und der Amu-Darja, brachten ihm reichlich Wasser vom Gebirge. Inzwischen wird diesen Flüssen an ihrem Oberlauf sehr viel Wasser für die Bewässerung von riesigen Baumwollfeldern entnommen. Auch für Großstädte und Industrieanlagen wird Wasser abgezweigt. Deshalb fließt heute nur noch ganz wenig Wasser in den Aralsee. Sein Wasserspiegel ist bereits um 16 m gesunken und seine Fläche ist nur noch halb so groß wie vorher. Bei einer weiteren Wasserentnahme ist er zum Austrocknen verurteilt. Diese *Umweltkatastrophe* zwingt viele Menschen, die an seinem Ufer leben, ihre Heimat zu verlassen.

> Wasser ist ein wichtiges Lebensmittel. Alle Lebewesen – Menschen, Tiere und Pflanzen – brauchen Wasser zum Leben.

1 Warum können Kakteen lange ohne Regen auskommen?
2 Was kann passieren, wenn Menschen Wassermangel selbst verursachen?
3 Wodurch könnte Wassermangel in der Natur ausgelöst werden?

1 Umweltkatastrophe: Der riesige Aralsee trocknet immer mehr aus **(A)**; Wo einst Fischkutter fuhren, trotten heute Kamele durch den Wüstensand **(B)**.

Ohne Wasser kein Leben

1.2 Der Wasserkreislauf in der Natur

Ohne Wasser kein Leben

Wolken entstehen

Die Sonne erwärmt Land und Meer.

Wasser verdunstet

1. Wasser verdunstet an der Oberfläche des Meeres. Beschreibe seinen weiteren Weg.
2. Woraus bestehen Wolken?
3. Riesige Wassermengen werden im Wasserkreislauf bewegt. Wer hält diesen Kreislauf in Bewegung?
4. Wasser kommt nicht nur als Regen zur Erde zurück. Welche Niederschlagsformen kennst du noch?
5. Welche Wege nehmen die über Land gefallenen Niederschläge?
6. Nach einem Regenschauer versickert Wasser im Boden. Warum ist es damit nicht aus dem Kreislauf ausgeschieden?

Ohne Wasser kein Leben

1.3 Wasser erfüllt die unterschiedlichsten Funktionen

Wasser – Grundlage des Lebens. In ihm begann vor über drei Milliarden Jahren die Entwicklung der Lebewesen. Vom Wasser aus eroberten sie das Land und den Luftraum. Noch heute dient das Wasser sehr vielen Lebewesen als **Lebensraum** und **Geburtsstätte.** Lurche kommen jährlich an ihr Geburtsgewässer zurück um abzulaichen. Auch Insekten wie die Stechmücke legen ihre Eier im Wasser ab.

In Abbildung 2 siehst du einen Jogger, dem der Schweiß auf der Stirn steht, seinem Hund hängt die Zunge heraus. Ihre Körper haben sich bei der Anstrengung erhitzt. Unser Schweiß, fast nur Wasser, tritt auf die Haut, verdunstet und schafft Abkühlung. Da Hunde keine Schweißdrüsen haben, verdunsten sie über ihre Zunge Wasser. Das Wasser trägt wesentlich zum Erhalt einer **gleichmäßigen** Körpertemperatur bei.

Pflanzen und Tiere benötigen Wasser auch als **Transport-** und als **Lösungsmittel.** In den Blättern stellen die Pflanzen mithilfe von Sonnenlicht Traubenzucker her. Dazu benötigen sie Wasser und Kohlenstoffdioxid. Der in Wasser gelöste Zucker wird in die anderen Organe der Pflanze geleitet. Das Wasser aus dem Boden, das von den Wurzeln aufgenommen wird, enthält gelöste Mineralsalze, die die Pflanzen zum Wachstum brauchen.

Hast du schon einmal längere Zeit deine Zimmerpflanzen nicht gegossen? Die Blätter der Pflanze hängen schlaff herunter. Durch Verdunstung hat die Pflanze Wasser verloren. Gießt du die Pflanze, gelangt Wasser in die Zellsafträume der Zellen, die sich prall füllen. Wasser ist also auch ein **Baustoff,** der die Zellen strafft. Sie bekommen Halt, und die welken Blätter richten sich wieder auf.

1 Entwicklung einer Stechmücke. A Eischiffchen; B Larve; C Puppe; D Stechmücke

> Wasser dient als Lebensraum und Geburtsstätte. Es ist bei der Regulierung der Körpertemperatur von Säugetieren beteiligt. Als Transport- und Lösungsmittel sowie als Baustoff ist Wasser in jedem Organismus lebensnotwendig.

2 Schwitzen bedeutet Wasserverlust für den Körper

1 Stelle die Aufgaben des Wassers für Lebewesen zusammen.
2 Erkläre, warum du an einem heißen Tag oder nach einer Mountainbike-Tour ausreichend trinken solltest.

3 Basilikum. A gegossen; B welk

Ohne Wasser kein Leben

Wasser in Lebewesen — Übung

V1 Wie wirkt Dünger auf Pflanzen?

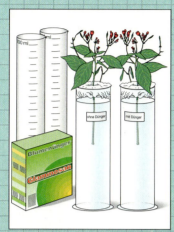

Material: 2 Standzylinder (200 ml); Messzylinder (100 ml); Watte; destilliertes Wasser; Pflanzendünger; 2 Sprosse Fleißiges Lieschen (etwa gleich groß)

Durchführung: Gib in einen Standzylinder 100 ml destilliertes Wasser. Für den anderen Versuchsansatz verdünnst du den Dünger wie auf der Verpackung angegeben. Miss dann 100 ml dieser Lösung ab und gib sie in den zweiten Standzylinder. Stelle in jeden Standzylinder einen Spross des Fleißigen Lieschens und verschließe die Öffnungen mit Watte.

Aufgaben: a) Beobachte die Versuchsansätze über 6 bis 8 Wochen. Verdunstetes Wasser solltest du durch destilliertes Wasser ersetzen.
b) Halte deine Beobachtungen in einem Protokoll fest. Vergiss dabei nicht, den Tag einzutragen.
c) Diskutiere deine Beobachtungen in der Gruppe. Formuliere ein Ergebnis.

V2 Wie verändern sich Zellen in Salzwasser?

Material: rote Küchenzwiebel; Objektträger; Deckglas; Mikroskop; Becherglas mit Wasser; 10%ige Kochsalzlösung; Pipette; Filterpapier

Durchführung: Stelle ein mikroskopisches Präparat aus der roten Küchenzwiebel her. Mikroskopiere das Präparat und zeichne eine Zwiebelzelle in dein Heft.

Gib mithilfe der Pipette 2 bis 3 Tropfen der Kochsalzlösung an den Rand des Deckglases. Sauge die Lösung mit dem Filterpapier von der entgegengesetzten Seite her unter das Deckglas.
Beobachte die Zwiebelzellen einige Minuten lang. Zeichne nun nochmals eine Zelle in dein Heft. Versuche die Veränderung mit Wasser rückgängig zu machen.

Aufgaben: a) Vergleiche die beiden Skizzen der Zwiebelzelle.
b) Deute die Abbildungen 3A und 3B auf Seite 104 mithilfe deiner Beobachtungen.

V3 Wie viel Wasser enthalten Lebensmittel?

Material: verschiedene Lebensmittel (z. B. Apfel; Gurke; Kartoffel oder Salat); Petrischalen; elektrische Schnellwaage; Messer; Filterpapier

Durchführung: Schneide von den mitgebrachten Lebensmitteln 3 bis 4 dünne Scheiben ab. Wiege die abgeschnittenen Scheiben. Notiere die Werte.
Lege in jede Petrischale ein Filterpapier und darauf die Lebensmittel. Stelle die Schalen auf die Heizung oder an einen warmen Ort auf der Fensterbank.
Wiege die Lebensmittelscheiben nach 3 Tagen nochmals. Notiere erneut die Werte.

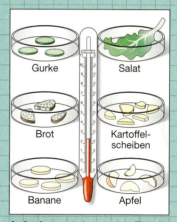

Aufgaben: a) Lege eine Tabelle an, in die du alle Werte einträgst.
b) Errechne die Differenz aus dem Frischgewicht und dem Trockengewicht.
c) Berechne den Wassergehalt des Frischgewichts der einzelnen Lebensmittel in Prozent.
d) Stelle die Ergebnisse in einem Säulen- oder Kreisdiagramm dar. Dazu kannst du den Computer zu Hilfe nehmen.

Ohne Wasser kein Leben

1 Natürlicher Bachlauf

3 Erdabschwemmung nach einem heftigen Regenguss

1.4 Der Wald – ein Wasserspeicher

Hast du dich während eines Waldspaziergangs schon einmal auf den Boden gesetzt? Der Waldboden ist feucht, obwohl es schon lange nicht mehr geregnet hat. Wie läßt sich das erklären?

Regnet es, bleibt zunächst einmal der größte Teil des Regenwassers in den Baumkronen hängen. Erst nach und nach tropft das Wasser auf den moosigen Waldboden. **Moose** können das Wasser in den Zwischenräumen von Stämmchen und Moosblättchen speichern. Langsam wird das Wasser dann an den Waldboden abgegeben.

Dort sammelt es sich in kleinen **Hohlräumen** und kann so über längere Zeit festgehalten werden. Die Hohlräume in der oberen Bodenschicht, der **Humusschicht**, können besonders viel Wasser aufnehmen und speichern.

Die Speicherkapazität des Waldes bewirkt, dass nur ein kleiner Teil des Regenwassers oberirdisch in Bäche und Flüsse abfließt. So gibt es in Wäldern auch an heißen Sommertagen noch genügend Wasser.

Was geschieht dann mit dem Wasser? Allmählich sickert es tiefer bis ins **Grundwasser**. Auf dem langen Weg durch den Boden wird das Wasser gereinigt. Schmutzteilchen werden wie in einer Reuse zurückgehalten. Außerdem filtert der Boden Chemikalien heraus. Selbst mitgeschwemmte Bakterien sterben ab, sodass sie im Grundwasser kaum noch vorhanden sind. Deshalb hat der Waldboden für die **Reinigung** des Wassers und den **Wasserhaushalt** eine große Bedeutung.

Sicher hast du in der Vergangenheit immer wieder Meldungen über Hochwasser gehört. Dazu trägt die Abholzung von Waldflächen und die damit verbundene Nutzung als Ackerfläche einen wesentlichen Teil bei. Im Gegensatz zu den Waldgebieten fließt auf wenig bewachsenen Flächen wie auf Ackerland und Wiesen das Regenwasser oberflächlich rasch ab und bringt so die Flüsse zum Überlaufen.

Bei heftigen Regenfällen kann das Wasser mit großer Geschwindigkeit ungehindert über die freien Flächen fließen. Dabei können riesige Erdmassen mitgerissen werden. Einen solchen Vorgang bezeichnet man als **Erosion**.

> Wasser wird in Moosen und im Waldboden gespeichert. Auf seinem Weg durch den Boden wird das Wasser gereinigt. Unbewachsene Flächen sind der Erosion ausgesetzt.

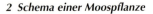

Sporenkapsel
Sporenträger
Moosblättchen
Stämmchen
Rhizoide

2 Schema einer Moospflanze

1 In einem heißen Sommer führen die Bäche im Wald immer noch Wasser, selbst wenn andere Bäche schon längst ausgetrocknet sind. Finde hierfür eine Erklärung.

2 Eine Gemeinde holzte vor ein paar Jahren sehr viel Wald ab. Seit dieser Zeit hat der nahe gelegene Fluss jährlich Hochwasser. Erkläre.

Ohne Wasser kein Leben

Wasser und Boden

Übung

V1 Speichern Böden Wasser?

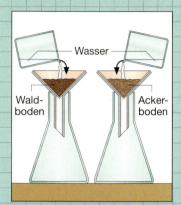

Material: 2 Erlenmeyerkolben (250 ml); 2 Trichter; 2 Rundfilter; 2 Messzylinder (100 ml); 2 Bechergläser; 150 g angetrockneter Ackerboden; 150 g angetrockneter Waldboden

Durchführung: Baue den Versuch mithilfe der Abbildung auf. Drücke die Bodenproben etwas an. Die Oberfläche darf nicht zu stark verdichtet sein, sodass das Wasser noch einsickern kann.
Gieße jetzt portionsweise je 100 ml Wasser vorsichtig in die beiden Trichter.

Aufgaben: a) Notiere für beide Versuchsansätze die Zeit, bis jeweils der erste Tropfen ins Becherglas tropft.
b) Miss nach 5 Minuten die Wassermengen in den Bechergläsern.
c) Trage die Werte in eine Tabelle nach folgendem Muster ein.

Proben	Waldboden	Ackerboden

d) Wiederhole den Versuch mit einer von dir mitgebrachten Bodenprobe.

V2 Der Boden – ein Filter?

Material: Glasröhre (Durchmesser 2 bis 4 cm) oder Glastrichter mit eingelegtem Filterpapier; passender Stopfen; Filterpapier; Stativ; 2 Bechergläser; lehmiger Sand; rotes oder blaues Tintenwasser

Durchführung: Baue den Versuch wie in der Abbildung auf. Gib hierzu den Sand in das Glasrohr. Gieße nun das Tintenwasser darauf, bis es unten heraustropft. Gieße anschließend Leitungswasser in 10 ml-Portionen vorsichtig nach.

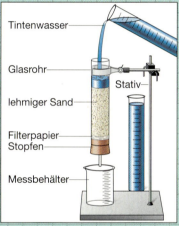

Aufgaben: a) Notiere deine Beobachtungen.
b) Suche nach Erklärungsmöglichkeiten für das, was du beobachtet hast.
c) Wiederhole den Versuch mit Schmutzwasser deiner Wahl (zum Beispiel Spülwasser).

V3 Speicherwirkung von Moosen

Material: Waage; große Glasschale, Becherglas (1 l), trockenes Moospolster

Durchführung: Wiege das trockene Moospolster und lege es etwa 3 Minuten lang in das Becherglas mit Wasser. Nimm das Moospolster danach aus dem Becherglas und lasse es kurz abtropfen. Wiege das Moospolster anschließend erneut und notiere nochmals den Wert.

Aufgaben: a) Vergleiche die gemessenen Werte.
b) Berechne die Gewichtsdifferenz.
c) Wie kannst du das Ergebnis erklären?

V4 Was geschieht bei einem heftigen Regenguss?

Material: große Glasschale oder tiefer Teller; große Plastikwanne; Erde; Grasnarbe; Gießkanne mit Gießaufsatz

Durchführung: Stelle die Glasschale in die Plastikwanne. Häufe die Erde in der Glasschale zu einem kleinen Berg auf. Bedecke eine Seite des Berges mit der Grasnarbe. Gieße nun mit der Gießkanne Wasser über deine Modelllandschaft. Achte dabei darauf, dass beide Seiten gleich stark „beregnet" werden.

Aufgabe: Notiere deine Beobachtungen und deute sie.

Ohne Wasser kein Leben

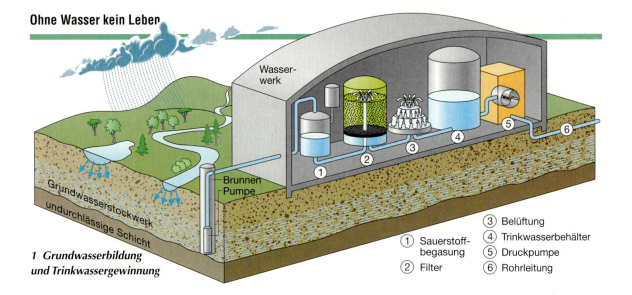

1 *Grundwasserbildung und Trinkwassergewinnung*

① Sauerstoffbegasung
② Filter
③ Belüftung
④ Trinkwasserbehälter
⑤ Druckpumpe
⑥ Rohrleitung

2 Trinkwasser

2.1 Trinkwassergewinnung

Wir drehen einfach den Wasserhahn auf und haben meistens Wasser von guter Qualität. Wo kommt es her und wie wird die Qualität gesichert? Unser **Trinkwasser** wird größtenteils aus Talsperren und dem Grundwasser gewonnen. **Grundwasser** bildet sich aus Regenwasser oder Flusswasser, das als Uferfiltrat im Erdreich versickert. Dabei bilden die Bodenschichten einen natürlichen Filter und reinigen das Wasser. Wenn es auf eine wasserundurchlässige Schicht stößt, staut es sich darüber. In dieses *Grundwasserstockwerk* bohrt man tiefe Brunnen. Das Grundwasser wird hochgepumpt und im Wasserwerk aufbereitet. Dabei wird es mit Sauerstoff angereichert, um unerwünschte Stoffe auszuflocken. Wirkungsvolle Filter halten die Verunreinigungen zurück. Nach dem Belüften wird das Trinkwasser mit Hochdruckpumpen ins Rohrleitungsnetz abgegeben. Von dort gelangt es in unsere Häuser. Manchmal wird dem Trinkwasser auch Chlor zugesetzt, um Krankheitskeime zu beseitigen.

Bevor das Trinkwasser das Wasserwerk verlässt, wird es streng kontrolliert. Es muss hygienisch einwandfrei, klar, farb- und geruchlos sein. Für Schadstoffe sind Grenzwerte festgelegt. Damit wir auch in Zukunft einwandfreies Trinkwasser haben, muss die Verschmutzung des Grundwassers verhindert werden. Bisher sind schon einige Brunnen geschlossen worden, weil die Filterwirkung des Bodens erschöpft war und Gefahrstoffe wie Öl, Pflanzenschutz- und Düngemittel ins Grundwasser sickerten.

Die Einrichtung von **Wasserschutzgebieten** um Trinkwasserbrunnen herum sowie ein sparsamer Verbrauch helfen, die Zukunft unserer Trinkwasserversorgung zu sichern.

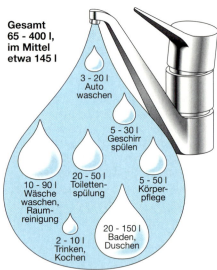

2 *Wassernutzung im Haushalt (pro Kopf und Tag)*

> Unser Trinkwasser wird größtenteils aus Grundwasser gewonnen. Das Grundwasser muss vor Verunreinigungen geschützt werden.

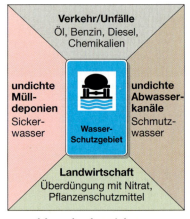

3 *Gefahren für das Trinkwasser*

1 Beschreibe die Trinkwassergewinnung anhand der Abb. 1.
2 Nenne Gefahren für das Grundwasser.

Ohne Wasser kein Leben

Trinkwasser aus dem Bodensee

Streifzug durch die Technik

Es ist keineswegs selbstverständlich, dass wir mit dem Öffnen des Wasserhahnes zu jeder Tages- und Nachtzeit Trinkwasser in beliebiger Menge zur Verfügung haben. Schließlich gibt es bei uns in Baden-Württemberg weite Landstriche wie etwa die Schwäbische Alb und Teile des Odenwaldes, in denen von Natur aus Wasserarmut herrscht. Die spärlichen Grund- und Quellwasservorkommen reichen hier für die Trinkwasserversorgung bei weitem nicht aus.

Heute erhält etwa ein Drittel der Bevölkerung in Baden-Württemberg Trinkwasser aus dem Bodensee.

Wie ein Adernetz durchziehen die Leitungen der Bodensee-Wasserversorgung das Land und reichen über Tübingen, Stuttgart, Heilbronn und Mosbach bis kurz vor Wertheim an der Nordgrenze unseres Bundeslandes.

Mit 539 km² Oberfläche und über 40 km³ Wasservolumen ist der Bodensee der größte See Deutschlands. Das Wasser für die **Bodensee-Wasserversorgung** entnimmt man dem Überlinger See bei Sipplingen. Es wird aus etwa 60 Meter Tiefe gefördert, weil es dort rein, klar und von gutem Geschmack ist. Die 4 bis 5 °C kalten Wasserschichten der Tiefe bleiben fast das ganze Jahr hindurch von den wärmeren Oberflächenschichten getrennt.

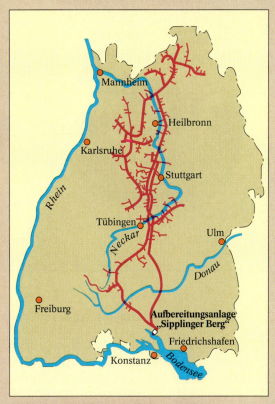

2 Versorgungsleitung der Bodensee-Wasserversorgung

1 Wasseraufbereitungsanlage auf dem Sipplinger Berg

Sechs große Pumpen im Seepumpwerk Sipplingen entnehmen dem Bodensee pro Sekunde fast 10 000 Liter Wasser. Sie transportieren es in die etwa 250 Meter über der Seeoberfläche gelegene *Aufbereitungsanlage* auf dem Sipplinger Berg.

Das Seewasser durchströmt zunächst mehrere *Mikrofilter,* von denen feinste Schwebeteilchen zurückgehalten werden.
Durch anschließende Behandlung des Wassers mit *Ozon* werden Bakterien abgetötet, die durch die feinen Filter geschlüpft sind. Durch die Ozonierung werden auch organische Stoffe zersetzt.

Nach nochmaliger Filtrierung in feinem Quarzsand werden dem fertigen Trinkwasser noch 0,4 Milligramm *Chlor* je Liter zugesetzt. Dadurch wird sichergestellt, dass sich Bakterien in den Wasserleitungen auf dem langen Weg zum Verbraucher nicht vermehren können.

Ohne Wasser kein Leben

2 Wasseruhr

2.2 Trinkwasser – kostbar und teuer

In Deutschland verkaufen circa 7000 Wasserversorgungsunternehmen täglich viele Millionen Liter Trinkwasser. Das Wasser wird gereinigt, aufbereitet, kontrolliert, gespeichert und über ein großes Trinkwasserleitungsnetz verteilt. Diese Versorgung mit Trinkwasser kostet in Deutschland durchschnittlich 1,50 € pro m^3. Die Kosten für das Wasser müssen die Verbraucher bezahlen. Darum gibt es in jedem Haus eine **Wasseruhr**. Sie misst die vom Wasserwerk gelieferte Wassermenge. Einmal im Jahr wird die Uhr abgelesen und aus dem Verbrauch werden die Kosten berechnet.

Die Wasseruhr ermöglicht zugleich die Kontrolle darüber, ob die Wasserrohre und Anschlüsse im Haus dicht sind. Das kleine Dreieck in der Mitte der Uhr dreht sich bereits, wenn ein Wasserhahn tropft.

Auf einer Wasserrechnung findest du die Zahl für den Wasserverbrauch eines Jahres. Sie wurde von der Wasseruhr abgelesen. Multipliziert mit dem Preis für 1 m^3 Trinkwasser ergibt sich daraus der Gesamtpreis. Hinzu kommen weitere Kosten für Grundgebühren und Steuern. Am Ende der Wasserrechnung findest du den Gesamtbetrag, der für das verbrauchte Trinkwasser bezahlt werden muss.

Trinkwasser ist sehr wertvoll. Es ist schwierig, genügende Mengen zur Verfügung zu stellen und die Aufbereitung wird immer teurer. Deshalb sollte jeder Einzelne seinen Beitrag zum **sparsamen Umgang** mit Trinkwasser leisten.

Bei der *Körperhygiene* und bei der *Toilettenspülung* kannst du eine ganze Menge kostbares Wasser einsparen. So benötigst du beim Duschen nur etwa ein Drittel der Wassermenge eines Vollbades. Einhandhebelmischer anstelle zweier Wasserhähne bieten die Möglichkeit, die gewünschte Wassertemperatur schneller einzustellen. Während des Einseifens kann der Wasserfluss gestoppt werden. Bei der Toilettenspülung ist es nicht notwendig, jedes Mal mit neun Litern Trinkwasser zu spülen. Eine Spartaste verringert hier den Wasserverbrauch. Noch besser ist es, nicht mit Trinkwasser, sondern mit gesammeltem Regenwasser zu spülen.

Weiterhin ist es sinnvoll, *Waschmaschine* und *Geschirrspülmaschine* nur dann einzuschalten, wenn sie vollständig gefüllt sind. Bei der Neuanschaffung solcher Geräte sollte darauf geachtet werden, dass sie besonders sparsam mit Wasser umgehen.

Neben dem Trinkwasser wird auch viel Wasser gebraucht, das nicht von guter Qualität sein muss. Es dient zum Kühlen und Reinigen in Fabriken sowie zum Bewässern in Gärtnereien und in der Landwirtschaft. Dieses Wasser heißt **Brauchwasser.** Es wird aus Flüssen, Seen oder Hausbrunnen entnommen.

1 Eine dreiköpfige Familie braucht im Monat durchschnittlich 12,6 m^3 Wasser.

Ohne Wasser kein Leben

Eine Wasseruhr misst die verbrauchte Trinkwassermenge. Wertvolles Trinkwasser kann durch sinnvolle Nutzung eingespart werden.

1 Lies eure Wasseruhr am Monatsbeginn und am Monatsende ab. Rechne euren Wasserverbrauch auf eine dreiköpfige Familie um. Vergleiche dein Ergebnis mit den Angaben in Abb. 1. Diskutiert in der Klasse über das Ergebnis.

2 Stelle ein Gefäß für 30 Minuten unter einen tropfenden Wasserhahn. Miss die Wassermenge und rechne sie auf einen Monat um. Berechne die dadurch entstandenen Kosten mithilfe der Abb. 3.

Streifzug durch den Alltag

Trinkwasser aus dem Wasserhahn

Trinkwasser aus der Leitung wird für vieles verwendet, kaum jedoch zum Trinken. Meist trinken wir Sprudel oder Mineralwasser aus Flaschen. Als Gründe, weshalb viele Menschen Wasser aus der Leitung nicht trinken, gelten unangenehmer Geschmack und mangelnde Sauberkeit. Gerade unser Trinkwasser wird unter hohem technischen Aufwand besonders sauber aufbereitet und unterliegt ständigen Qualitätskontrollen.

Der wenig angenehme Geschmack des Leitungswassers rührt von gelösten Salzen, insbesondere von gelöstem Kalk her. Im Handel erhältliche Wasserfilter können Abhilfe schaffen. Sie beseitigen diese unerwünschten Bestandteile.

Mittels Kohlenstoffdioxid-Spendern kann das Wasser mit Kohlensäure zu einem wohlschmeckenden und preiswerten Sprudel angereichert werden.

4 Trinkwasserzubereitung. **A** Wasserfilter; **B** Kohlenstoffdioxid-Spender

3 Wasserrechnung

Ohne Wasser kein Leben

2.3 Warum sind Gewässer verschmutzt?

Abwasser aus Städten und Dörfern

Auf einer Landkarte siehst du, dass Städte und Dörfer häufig an Flüssen oder Bächen liegen. Dadurch konnte man sich früher leicht mit dem lebensnotwendigen Wasser versorgen. Auch das Abwasser der Haushalte wurde in die Gewässer geleitet, die es dann forttrugen. Die Bewohner machten sich deswegen wenig Gedanken, denn geringe Verschmutzungen werden von dem Gewässer selbst gereinigt.

Als aber die Städte größer wurden und immer mehr Menschen immer mehr Abwasser erzeugten, nahm die Verschmutzung stark zu. Heute reinigen Kläranlagen die meisten Abwässer, aber manchmal reicht das noch nicht aus.

Abwasser aus Industrieanlagen

Schon im Mittelalter bauten Gerber, Färber oder Bierbrauer ihre Betriebe an Gewässern. Sie benötigten Wasser für ihre Arbeit. Das Abwasser, das dabei entstand, konnte der Bach oder der Fluss gleich abtransportieren. Auch als später Fabriken mit Dampfmaschinen ausgerüstet wurden, waren dafür Plätze an Wasserläufen günstig.

Moderne Industrieanlagen benötigen ebenfalls viel Wasser für das Produzieren, zum Kühlen und zum Reinigen. Darum werden viele Fabriken und vor allem Kraftwerke auch heute an Flüssen gebaut. Inzwischen müssen Industriebetriebe ihr Abwasser sorgfältig klären, bevor sie es in Gewässer einleiten dürfen. Doch diese Klärung ist nicht immer vollkommen, einige Stoffe belasten auch heute noch unsere Gewässer.

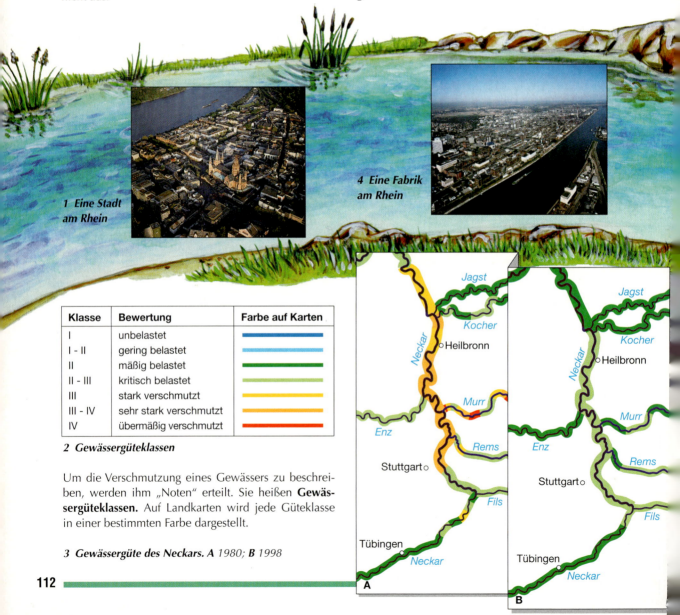

1 Eine Stadt am Rhein

4 Eine Fabrik am Rhein

Klasse	Bewertung	Farbe auf Karten
I	unbelastet	
I – II	gering belastet	
II	mäßig belastet	
II – III	kritisch belastet	
III	stark verschmutzt	
III – IV	sehr stark verschmutzt	
IV	übermäßig verschmutzt	

2 Gewässergüteklassen

Um die Verschmutzung eines Gewässers zu beschreiben, werden ihm „Noten" erteilt. Sie heißen **Gewässergüteklassen**. Auf Landkarten wird jede Güteklasse in einer bestimmten Farbe dargestellt.

3 Gewässergüte des Neckars. A 1980; B 1998

Ohne Wasser kein Leben

Belastung der Gewässer durch die Landwirtschaft

Die Landwirtschaft trägt ebenfalls zur Verschmutzung der Gewässer bei. Wenn Felder zu stark oder falsch gedüngt werden, nehmen die Pflanzen den Dünger nicht vollständig auf. Reste bleiben zurück und werden vom Regenwasser in Bäche und Flüsse geschwemmt. Zuweilen gelangen die Düngemittelreste sogar ins Grundwasser.
Auch Pflanzenschutzmittel, die in zu großer Menge oder zum falschen Zeitpunkt gespritzt werden, zum Beispiel kurz vor einem Regen, verschmutzen die Gewässer.
Manchmal gelangen auch Abwässer aus Hühnerfarmen, Schweinemastbetrieben oder Weinbaubetrieben direkt in Bäche oder Flüsse und tragen erheblich zu deren Verschmutzung bei.

Belastung durch Unfälle, Betriebsstörungen und wilde Müllablagerungen

Verunreinigungen von Flüssen, Bächen und Seen können auch durch Unfälle entstehen, die beim Transport von Heizöl, Benzin oder anderen gefährlichen Stoffen in Tankwagen oder Tankschiffen passieren. So kommt es immer wieder zu Wasserverschmutzungen.
Auch Betriebsunfälle in Fabriken können zu einer starken Gewässerverschmutzung führen.

Leider gibt es auch Menschen, die Müll einfach irgendwo abladen und damit zur Verschmutzung des Grundwassers und auch der fließenden Gewässer beitragen.

5 Zu viel Dünger schadet den Gewässern

6 Betriebsstörung in einer Fabrik

Haushalte und Fabriken erzeugen viel Abwasser. In Kläranlagen kann es nicht vollständig gereinigt werden. Außerdem tragen Düngemittel und Pflanzenschutzmittel, aber auch Unfälle mit schädlichen Stoffen zur Verunreinigung von Gewässern bei.

1 Vergleiche die Gewässergütekarte von 1980 mit der von 1998 und beantworte folgende Fragen:
a) Wie hat sich das Wasser des Neckars verändert?
b) Welcher Nebenfluss des Neckars hat seine Wasserqualität am meisten verbessert?
c) Warum war die Verschmutzung des Neckars an einer Stelle besonders stark?
d) Wodurch war es möglich, innerhalb von 18 Jahren die Wasserqualität zu verbessern?
2 Erkundige dich, was bisher für die Verbesserung der Wasserqualität der Seen und Flüsse an deinem Wohnort und dessen Umgebung getan wurde.
3 Welches Gewässer deiner Umgebung ist stark verschmutzt? Wie könntest du dies überprüfen?
4 Wie kannst du selbst zur Reinhaltung von Gewässern beitragen?

7 Ursachen der Gewässerverschmutzung

2.4 Kläranlage – verschmutztes Wasser wird gereinigt

Abwasser ist verschmutztes Wasser, das aus Haushalten und Betrieben zur Kläranlage kommt. In mehreren Reinigungsstufen wird es dort so weit gereinigt, dass es wieder in einen Fluss eingeleitet werden kann.

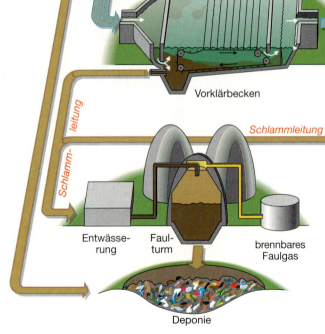

Mechanische Reinigung

In der ersten Reinigungsstufe läuft das Abwasser durch **Rechen und Lochbleche.** Sie sieben den groben Schmutz heraus. Er besteht vor allem aus Holz, Kunststoff, Metall und Glas. Was hier hängen bleibt, wird in großen Behältern gesammelt.

Anschließend läuft das Abwasser langsam durch den **Sandfang** und den **Fettabscheider.** Hier setzen sich Sinkstoffe am Boden ab. Fette, Öle und andere Schwimmstoffe werden an der Oberfläche durch eine Sperre zurückgehalten und abgesaugt. Das grob gereinigte Abwasser fließt unter der Sperre weiter zur nächsten Reinigungsstufe.

Durch das **Vorklärbecken** fließt das Abwasser sehr langsam hindurch. Jetzt sinkt auch ein Teil der Schwebstoffe zu Boden. Sie werden von dem Schlammräumer zusammengeschoben und dann entfernt. Dieses Becken heißt auch *Absetzbecken*.

Abwässer aus Industriebetrieben müssen manchmal noch mit Chemikalien behandelt werden, wenn sie Stoffe enthalten, die sich anders nicht entfernen lassen.

Der Schlamm aus den Klärbecken verfault in **Faultürmen.** Dabei entsteht brennbares Gas. Ist der Schlamm ausgefault, wird er auf einer Deponie gelagert oder verbrannt. Falls er keine schädlichen Stoffe enthält, kann er zur Verbesserung des Ackerbodens eingepflügt werden.

Ohne Wasser kein Leben

Biologische Reinigung

Das Abwasser wird im **Belebungsbecken** durch Kleinstlebewesen, zum Beispiel Bakterien, weiter gereinigt. Die im Abwasser immer noch reichlich vorhandenen Schwebstoffe und gelösten Stoffe dienen den Bakterien als Nahrung.
Im Belebungsbecken bleibt das Abwasser viele Stunden lang stehen. Dabei wird es ständig von unten belüftet und bewegt. So erhalten die Kleinstlebewesen den lebensnotwendigen Sauerstoff. Bei diesen idealen Bedingungen vermehren sie sich ständig und bilden einen flockigen **Belebtschlamm.**

Aus dem Belebungsbecken wird ständig ein Teil des Belebtschlamms in ein **Nachklärbecken** gepumpt. Dort wird er nicht mehr belüftet und nicht mehr bewegt. Die Kleinstlebewesen sinken nach unten, viele sterben ab, denn es fehlen ihnen Sauerstoff und Nährstoffe. Am Boden des Beckens setzt sich der Schlamm ab. Er wird mit einem Schieber in die vertiefte Mitte des Beckens geschoben. Ein Teil davon wird in das Belebungsbecken zurückgepumpt, der andere Teil kommt in den Faulturm.

Das geklärte Abwasser läuft dann über den gezackten Rand des Nachklärbeckens in eine Rinne.
Jetzt darf es in einen Fluss eingeleitet werden. Das aufnehmende Gewässer heißt **Vorfluter.**

Wohin mit dem Schmutz aus dem Abwasser?

Die von den Rechen und Lochblechen zurückgehaltenen Abfälle werden auf einer Deponie gelagert oder verbrannt.
Der Sand aus dem Sandfang kann im Straßenbau benutzt werden.
Öl, Fett und andere Schwimmstoffe aus dem Fettabscheider werden entweder in einen Faulturm gegeben oder auf einer Deponie gelagert.
Der Schlamm aus den Vor- und Nachklärbecken wird entwässert und in Faultürme gebracht.

> In Kläranlagen wird Abwasser aus Haushalten und Betrieben in mehreren Stufen so weit gereinigt, dass es wieder in einen Fluss eingeleitet werden kann.

1. Was wird bei der mechanischen Reinigung aus dem Abwasser entfernt?
2. Welche Trennverfahren werden bei der mechanischen Reinigung angewendet?
3. Was geschieht mit den in den einzelnen Stufen abgetrennten Stoffen?
4. Beschreibe die biologische Reinigung.
5. Welche Folgen hätte ein Ausfall der Kläranlage?

Ohne Wasser kein Leben

Übung: Reinigung von Abwasser

V1 Mechanische Reinigung

Material: großes Marmeladenglas oder anderes Glasgefäß; Löffel; Sand; Salatöl; Currypulver; Leitungswasser

Durchführung: Fülle das Glas bis auf 3 cm unterhalb des Randes mit Leitungswasser. Gib je einen Löffel Sand und Salatöl und danach eine Löffelspitze Currypulver hinzu. Rühre um und lasse die Probe einige Minuten stehen.

Aufgabe: Notiere deine Beobachtungen. Erläutere, was nach dem Umrühren geschehen ist.

V2 Biologische Reinigung

Material: 2 große Glasgefäße (zum Beispiel Gurkengläser); Belüftungseinrichtung für ein Aquarium; Haushaltsfolie; fauliges Blumenwasser aus einer Blumenvase

Durchführung: Fülle beide Gläser mit dem fauligen Blumenwasser. Decke eines der Gläser mit Folie ab. Belüfte das andere Glas etwa 5 Tage. Lass anschließend die Proben einige Stunden ruhig stehen.

Aufgabe: Welche Unterschiede kannst du erkennen, wenn du die Proben nach Geruch und Aussehen untersuchst?

V3 Chemische Reinigung

Moderne Kläranlagen verfügen über eine chemische Reinigungsstufe. In dieser dritten Reinigungsstufe werden Chemikalien entfernt, die durch mechanische oder biologische Reinigung nicht beseitigt werden konnten. Man spricht auch von chemischer Fällung. In der dritten Reinigungsstufe werden in Kläranlagen beispielsweise Phosphate aus Waschmitteln entfernt.

Mithilfe dieses Versuches kannst du ausprobieren, wie Phosphate gefällt werden.

Material: 3 Glasgefäße (200 ml); Trichter; Filterpapier; Löffel; Holzkohlepulver; Tafelkreide; Mehl; Papierschnipsel; Sand; Natriumphosphatlösung (5%); Eisen-(III)-chlorid-Lösung (5%)

Hinweis: Eisen-(III)-chlorid ergibt mit Phosphat einen gelben Niederschlag von Eisenphosphat.

Durchführung: Stelle Schmutzwasser („Abwasser") her, indem du in Wasser einen Teelöffel voll Natriumphosphat, Holzkohlepulver, zerstoßene Kreide, Mehl, Sand und feine Papierschnipsel mischst. Filtriere das Gemisch durch einen Trichter mit Filterpapier. Setze dem Filtrat Eisen-(III)-chlorid-Lösung zu. Filtriere erneut.

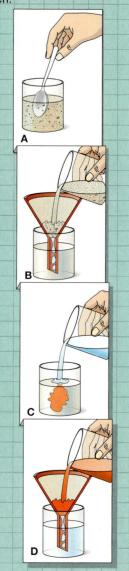

Aufgaben: a) Welche Stoffe werden bei der ersten Filtration zurückgehalten, welche nicht?
b) Was konntest du bei der zweiten Filtration beobachten?
c) Warum lassen sich Phosphate im Abwasser nicht durch mechanische Reinigung entfernen?

Ohne Wasser kein Leben

Pflanzenkläranlage

Streifzug durch die Technik

1 Schilfkläranlage Blaubeuren-Altental. A Bepflanzung; B fertige Anlage

Manche Gemeinden und Betriebe leiten ihre Abwässer nicht nur in eine herkömmliche Kläranlage. Zusätzlich nutzen sie Klärteiche, die mit **Schilf** bepflanzt sind. Die Pflanzen schaffen zwischen den Wurzeln Raum für Bakterien und andere Mikroorganismen, welche die Abfallstoffe abbauen. Einige **Bakterien** können sogar Wasser reinigen, das mit Schadstoffen wie Mineralöl oder Treibstoff verschmutzt ist.

Eine Pflanzenkläranlage funktioniert nur, wenn die Mikroorganismen ausreichend mit Sauerstoff versorgt sind. Schilf und andere grüne Wasserpflanzen produzieren Sauerstoff bei der Fotosynthese und reichern das Wasser damit an.

Pflanzenkläranlagen sind zwar *kostengünstiger* als herkömmliche Anlagen, beanspruchen aber *große Flächen*. Pro Einwohner werden 20 m² gerechnet.

Zusätzlich bieten Klärteiche jedoch Wasservögeln und anderen Tieren *wertvollen Lebensraum*.

1 Baue das Modell einer Pflanzenkläranlage. Dafür benötigst du drei große Eimer, deren Böden an einer Stelle am Rand mehrfach durchbohrt werden, und Schilf oder Binsen.

a) Bepflanze die Eimer mit den Pflanzen. Ordne die bepflanzten Eimer wie in der Abbildung an. Achte darauf, dass der durchlöcherte Bodenteil über den darunter liegenden Eimer ragt.

b) Nimm Abwasser, zum Beispiel vom Geschirrwaschen. Untersuche es zunächst auf Färbung, Trübung, Geruch und Phosphatgehalt. Nimm zur Bestimmung des Phosphatgehalts die Seite 123 zu Hilfe.

c) Gieße dann langsam und mit Unterbrechungen das Abwasser in den oberen Eimer. Fange das durchgesickerte Wasser unten wieder auf. Untersuche auch das durchgesickerte Wasser auf Färbung, Trübung, Geruch und Phosphatgehalt.

d) Vergleiche die Ergebnisse des Sickerwassers mit den Ergebnissen des Abwassers. Erkläre.

2 Modell einer Pflanzenkläranlage

Ohne Wasser kein Leben

3 Gewässergüte

3.1 Lebewesen geben Hinweise auf die Wassergüte

Alle Tiere benötigen zum Leben Sauerstoff, einige viel, andere weniger. Auch Insektenlarven, Krebse, Würmer, Fische und andere Tiere im Wasser kommen ohne diesen lebenswichtigen Stoff nicht aus. Wir wissen, dass Gewässer unterschiedlich viel gelösten Sauerstoff enthalten. Ein *sauberes Gewässer*, z.B. ein klarer Bergbach enthält viel Sauerstoff. Sein kaltes Wasser fließt über Steine und kleine Wasserfälle. Es wird dabei kräftig durchwirbelt und mit Sauerstoff aus der Luft angereichert. Ein *verschmutzter Fluss* enthält wenig Sauerstoff. Die eingeleiteten organischen Abfälle werden von Bakterien und anderen Mikroorganismen abgebaut. Da sie für diese Tätigkeit Sauerstoff benötigen, sinkt der Sauerstoffgehalt des Wassers. Fließt der Fluss auch noch träge und möglicherweise in einem begradigten Bett, so kann aus der Luft kaum Sauerstoff ins Wasser gelangen. Außerdem erwärmt sich das langsam dahinfließende Wasser. In warmem Wasser ist nur noch wenig Sauerstoff gelöst. In diesem Fall nehmen Fäulnisprozesse überhand und die Tiere sterben. Man spricht dann von einem **Umkippen** des Gewässers. An den Kleintieren, die in einem Gewässer leben, kannst du feststellen, ob das Wasser sauber oder verschmutzt ist. Diese Tiere werden daher **Zeigerorganismen** genannt. Enthält ein Bach Steinfliegenlarven, kann man daraus schließen, dass er sauber und **unbelastet** ist, da diese Larven viel Sauerstoff benötigen. Der Bachflohkrebs kommt mit weniger Sauerstoff aus. Deshalb kann er in gering **verunreinigten** Bächen leben. Sein größerer und dunklerer Verwandter, der Flussflohkrebs, begnügt sich mit noch sauerstoffärmeren Gewässern. In gering bis mäßig verunreinigten Gewässern findest du auch verschiedene Formen von Eintagsfliegenlarven, die sich voneinander in Körperform und Farbe unterscheiden. Du erkennst sie an ihren drei Schwanzfäden und den seitlich wegstehenden Kiemenblättchen. Findest du in einem Gewässer rote Zuckmückenlarven oder Rattenschwanzlarven, dann ist dieses Gewässer übermäßig **verschmutzt**.

Anders als bei dieser biologischen Wasseruntersuchung werden bei einer *chemischen Wasseruntersuchung* der Sauerstoffgehalt und weitere Werte gemessen. Mit beiden Verfahren kann die **Wassergüte** bestimmt werden. Sie zeigt, wie gering oder stark verschmutzt ein Gewässer ist.

> Tiere im Wasser benötigen unterschiedlich viel Sauerstoff. Zeigerorganismen geben Hinweise auf die Güte eines Gewässers.

1 Zeigerorganismen im Bach

1 Ein Bach fließt in einem glatten, begradigtem Bett. Sein Wasser ist sauerstoffarm. Überlege dir Maßnahmen zur Verbesserung der Wassergüte.

Ohne Wasser kein Leben

Biologische Untersuchung der Wassergüte eines Baches

Übung

Material: je Gruppe: Teesieb; Pinsel; Lupe; 14 tiefe Plastikteller; Pipette; Bestimmungsbuch; Löffel; 2 Kopien dieser Seite

Durchführung: Sammelt in Gruppen Kleintiere am Ufer eines Baches in einen Teller mit Wasser. Streicht dazu mit dem Teesieb durch die Wasserpflanzen. Dreht Steine aus dem Bach um und streicht die Tiere mit dem Pinsel in den Teller. Sortiert ähnlich aussehende Tiere, z. B. alle Eintagsfliegenlarven in einen Teller. Verfahrt mit den anderen Tieren in gleicher Weise. So erhaltet ihr verschiedene Tiergruppen. Unterscheidet innerhalb der Tiergruppe in einem Teller noch genauer verschiedene Formen nach Körperbau und Farbe: z. B. flache oder rundliche und helle oder dunkle Eintagsfliegenlarven. Verwendet dazu auch eine Lupe und ein Bestimmungsbuch.

Aufgaben: a) Notiert für jede gefundene Tiergruppe die Anzahl der unterscheidbaren Formen, die **Formenzahl.** Bringt nun die Kleintiere in das Gewässer zurück.
b) Addiert die Formenzahlen aller Gruppen und tragt die **Formensumme** in die Tabelle ein.
c) Zur Bestimmung des **Zeigerwertes** ist die Tiergruppe maßgeblich, die an oberster Stelle in der Spalte Formenzahl steht. Von dieser geht ihr in die rechte Spalte und bestimmt den Zeigerwert.

Tiergruppe	Formenzahl	Zeigerwert		
Steinfliegenlarven		1 = **B**		mehr als 1 = **A**
Eintagsfliegenlarven		1 = nächste Gruppe	2 = **C**	mehr als 2 = **B**
Köcherfliegenlarven		1 = nächste Gruppe	2 bis 3 = **C**	mehr als 3 = **B**
Flohkrebse		1 = nächste Gruppe	mehr als 1 = **C**	
Wasserasseln		**D**		
Egel		**D**		
Schlammröhrenwurm		**E**		
Rattenschwanzlarven		**E**		
Schnecken				
Muscheln		Kein Zeigerwert, da nicht an bestimmte Wassergüte gebundene Tiere.		
Platt-(Strudel-)würmer				
Mückenlarven				
Käfer				
	= Formensumme			

d) Geht mit der errechneten **Formensumme** und dem **Zeigerwert** in die folgende Tabelle. Aus Formensumme und Zeigerwert ergibt sich die **Wassergüte.**

Wassergüte	Zeigerwert				
Formensumme	A	B	C	D	E
Größer als 15	I	I–II	II	II–III	III
9 bis 15	I–II	II	II–III	III	III–IV
2 bis 8	II	II–III	III	III–IV	IV
0 bis 1	II–III	III	III–IV	IV	IV

Bestimmungsbeispiel: Habt ihr keine Steinfliegenlarven, sondern drei verschiedene Formen von Eintagsfliegenlarven gefunden, so ergibt das den Zeigerwert B. Außerdem habt ihr noch zwei Formen von Köcherfliegenlarven, viele Bachflohkrebse sowie einige Strudelwürmer gefunden. Das ergibt die Formensumme 7. In der Tabelle findet ihr für diese Werte die Wassergüte II–III (kritisch belastet).

Ohne Wasser kein Leben

1 Wasseruntersuchung.
A Probennahme an einem Bach;
B selbst angefertigtes Planktonnetz

> **Stichwort**
> **Plankton**
> Plankton ist ein Sammelbegriff für im Wasser schwebende Lebewesen.

3.2 Projekt Teichwasser

„Unser Schulteich sieht übel aus!" Mit dieser Meldung kamen einige Schülerinnen und Schüler der 8B an einem warmen Junitag nach der großen Pause zum Biologielehrer.

Vor drei Jahren wurde dieser Teich im Rahmen einer Projektwoche angelegt. Und nun so etwas? Gemeinsam mit ihrem Lehrer gingen die Schülerinnen und Schüler an das Teichufer. Zwar achteten alle stets darauf, dass keine Abfälle in den Teich gelangten. Dennoch sah das Wasser trübe aus und roch faulig. Eine dicke Schicht grüner und bräunlich verfärbter Algenwatte bedeckte große Teile der Wasseroberfläche. Einige Schülerinnen holten aus dem Geräteschuppen des Schulgartens Rechen und schöpften als erste Maßnahme die Algenwatte ab. Vor dem Kompostieren untersuchten sie die abgeschöpfte Masse auf Wassertiere und brachten diese wieder in den Teich.

Als nach einer Woche der Zustand des Teiches nicht besser wurde, entschloss sich die 8B, eine Wasseruntersuchung durchzuführen. Zunächst entnahmen einige Schüler mit einem sehr engmaschigen Netz Proben von **Plankton.**

Mit der Planktonprobe ging es ans Mikroskopieren. Pflanzliches Plankton, meist Algen, erkannten die Schülerinnen und Schüler an der grünen Farbe. Auch die farblosen Kleinsttiere konnten sie gut beobachten.

Mit einer Tabelle für **Zeigerorganismen** und mithilfe von Bestimmungsbüchern wurden die meisten Kleinstlebewesen bestimmt. Die Schüler und Schülerinnen fertigten von den Lebewesen *Steckbrief-Zettel* an und ergänzten sie mit Zeichnungen oder Fotos. Sie sammelten die Zettel auf einer Pinnwand und ermittelten daraus die Güteklasse III. Eine chemische Wasseruntersuchung bestätigte dieses Ergebnis.

In einem Gruppengespräch wurden mögliche Maßnahmen für eine **Sanierung des Teiches** erörtert und geplant: Ausschöpfen des Faulschlammes vom Grund, Ausbreiten eines Blattfangnetzes im Herbst, Einstellen der Fischfütterung und der Einsatz einer solarstromgetriebenen Luftpumpe zur Sauerstoffanreicherung.

> Kleinstlebewesen in einem Teich geben Auskunft über die Wassergüte.

1 Bestimme mithilfe der Pinnwand auf Seite 121 und einen Bestimmungsbuch die Zeigerorganismen eines Teiches. Auf welche Wassergüte lassen sie schließen?
2 Untersuche das Teichwasser chemisch. Nutze dazu die Übung auf Seite 123. Vergleiche die Ergebnisse mit der biologischen Untersuchung in Aufgabe 1.
3 Was bewirken die geplanten Sanierungsmaßnahmen?

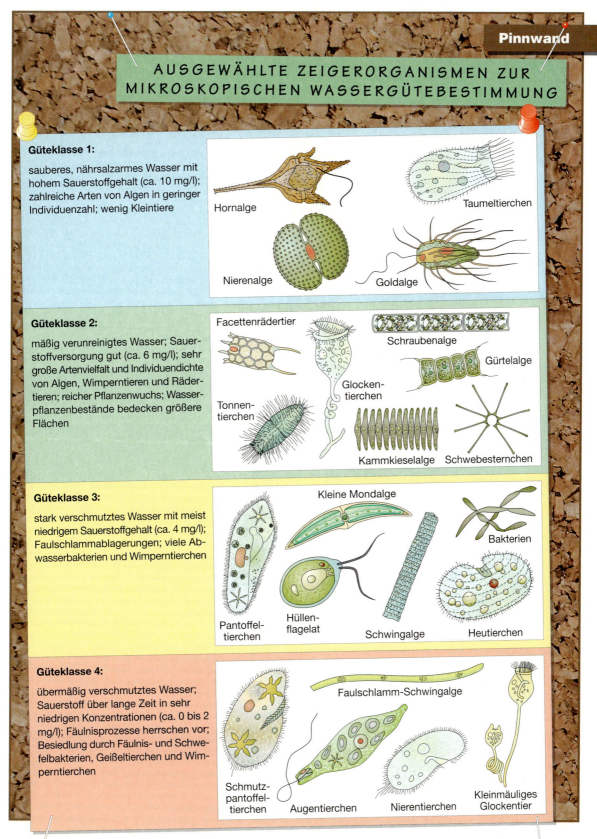

Ohne Wasser kein Leben

Pinnwand

EINZELLIGE LEBEWESEN IM TEICH

Radalge

Eine Radalge ist circa 0,3 mm groß. Radalgen ernähren sich wie andere Pflanzen selbstständig mittels Fotosynthese. Sie schweben im Wasser. Der flache, ausgefranste Zellkörper verlangsamt das Absinken.

Glockentierchen

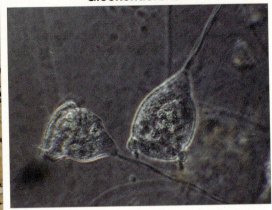

Das Glockentierchen ist circa 0,1 mm lang. Mit seinem Wimpernkranz strudelt das Glockentierchen Nahrung, z. B. Bakterien, heran. Der Stiel des sesshaften Tierchens wird bis zu 0,7 mm lang. Er reagiert auf Erschütterung und zieht sich dann zusammen.

Pantoffeltierchen

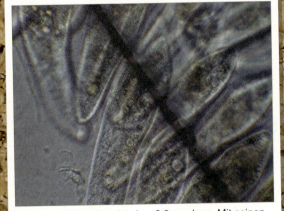

Das Pantoffeltierchen ist circa 0,2 mm lang. Mit seinen Wimpern bewegt es sich fort und strudelt Bakterien in seine Mundöffnung. Pantoffeltierchen haben einen ausgeprägten chemischen Sinn. Dies lässt sich unter dem Mikroskop beobachten. Sie schwimmen aus dem an Sauerstoff verarmten Wasser unter dem Deckglas (im Foto als Querstrich zu sehen) hervor ins mit Luft angereicherte freie Wasser.

Grünes Pantoffeltierchen

Das grüne Pantoffeltierchen ist circa 0,1 mm lang. Es frisst einzellige Algen, die es jedoch nicht verdaut. Das Pantoffeltierchen erhält von den Algen Zucker und Sauerstoff. Als Gegenleistung liefert das Tierchen den Algen Kohlenstoffdioxid und Stickstoffverbindungen. Im Erwachsenenstadium hat der Einzeller keinen Zellmund mehr. So ein Zusammenleben zu beiderseitigem Nutzen nennt man **Symbiose**.

1 Suche in einem Bestimmungsbuch nach der von den Lebewesen auf dieser Seite angezeigten Wassergüte. Welche zeigen sie an?

2 Was unterscheidet das Pantoffeltierchen vom grünen Pantoffeltierchen?

Ohne Wasser kein Leben

Chemische Wasseruntersuchung

Übung

V1 Wie hoch ist der Nitrat-, Phosphat- und Kalkgehalt von Wasser?

Material: Nitrat-Teststäbchen; Phosphat-Teststäbchen; Kalk-Teststäbchen; Wasserproben (zum Beispiel Leitungswasser; Mineralwasser; Teichwasser; Bachwasser); Trinkgläser oder andere Glasgefäße

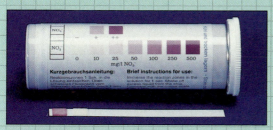

Farbvergleich mit Nitrat-Teststäbchen

Durchführung: Fülle die Gläser mit Wasserproben. Tauche je ein Nitrat-, ein Phosphat- und ein Kalk-Teststäbchen kurz in eine der Wasserproben.
Hinweis: Verwende für jede Wasserprobe ein frisches Teststäbchen.
Vergleiche nach der Zeit, die auf der Verpackung angegeben ist, die Farbzonen der Teststäbchen mit der zugehörigen Farbskala auf der Verpackung. Lies die Zahlenwerte ab. Gehe mit den anderen Wasserproben auf die gleiche Art und Weise vor.

Aufgaben: a) Trage die ermittelten Werte in eine Tabelle nach folgendem Muster ein.

Wasser-probe	Nitratgehalt (mg/l)	Phosphatgehalt (mg/l)	Kalkgehalt (mg/l)
Trink-wasser			
Leitungs-wasser			
...			

b) Welches könnten mögliche Ursachen für die unterschiedlichen Werte innerhalb einer Messreihe sein?
c) Informiere dich über die Grenzwerte von Nitrat und Phosphat im Trinkwasser. Berichte.

V2 Gelöste Luft in kaltem und warmem Wasser

Material: 2 Bechergläser (200 ml); Folienstift (permanent)

Durchführung: Zeichne mit dem Folienstift ein Quadrat mit der Kantenlänge 1 cm auf die Glaswand der Bechergläser. Fülle die Gläser langsam mit Leitungswasser. Stelle ein Glas an einen warmen Ort (zum Beispiel auf die Fensterbank über der Heizung), das andere an einen kalten Ort (zum Beispiel in den Kühlschrank).

Warmes oder kaltes Wasser?

Aufgaben: a) Zähle nach 30 Minuten die Luftbläschen in den Quadraten.
b) Erkläre, worauf die unterschiedliche Bläschenzahl zurückzuführen ist.

V3 Anreicherung von Wasser mit Sauerstoff

Material: abgekochtes und anschließend gekühltes Wasser; 2 Bechergläser (200 ml); Folienstift (permanent); Rührgefäß; Mixer; Sauerstoff-Messgerät

Durchführung: Zeichne je ein Quadrat mit der Kantenlänge 1 cm auf die beiden Gläser. Fülle ein Glas mit einem Teil des vorbereiteten Leitungswassers und stelle es an einen kühlen Ort. Verquirle den Rest des Leitungswassers etwa eine Minute lang. Fülle ihn in das zweite Glas und stelle dieses neben das erste.

Aufgaben: Zähle nach 30 Minuten die Bläschen in den Quadraten der beiden Gläser.
b) Vergleiche die Versuchsergebnisse und erkläre sie.
c) Überprüfe deine Ergebnisse, indem du mit einem Sauerstoff-Messgerät den Sauerstoff-Gehalt der Proben bestimmst.
d) Beschreibe, wie sich sauerstoffarmes See- oder Flusswasser mit Sauerstoff anreichern lässt.

Ohne Wasser kein Leben

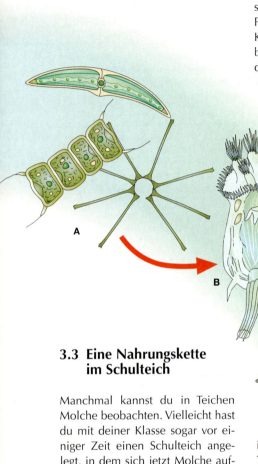

selbst. Algen und andere grüne Pflanzen stellen aus Wasser und Kohlenstoffdioxid Stoffe wie Traubenzucker und Stärke her. Die dafür nötige Energie liefert ihnen das Licht der Sonne. Dabei reichern sie das Wasser mit Sauerstoff an. Deshalb sind Algen die Nahrungsgrundlage für alle anderen Lebewesen im Teich. Von ihnen ernährt sich tierisches Plankton wie die *Rädertiere.* Mit ihrem Räderorgan, einem Kranz von Borsten um das Mundfeld, strudeln sie Algen und tierische Einzeller in ihren Kaumagen.

Kaulquappen, Wasserflöhe und andere kleine Tiere ernähren sich von tierischem Plankton.

Halb im Schlamm vergraben oder zwischen Wasserpflanzen lauern *Libellenlarven* auf Beute. Schwimmt zum Beispiel eine Kaulquappe vorbei, so schnellen sie ihre zu einer Fangmaske umgestaltete Unterlippe vor und ergreifen sie.

Libellenlarven und andere Insekten im Wasser werden von *Teichmolchen* gejagt und gefressen. Es kann aber auch passieren, dass eine junge Molchlarve in die Fangmaske einer Libellenlarve gerät.

> Algen, Rädertiere, Kaulquappen, Libellenlarven und Teichmolche bilden eine Nahrungskette im Teich.

1 Am Anfang aller Nahrungsketten stehen grüne Pflanzen. Begründe diese Aussage.

2 „Fressen und gefressen werden". Wie hängt diese Redewendung mit der Nahrungskette in Abbildung 1 zusammen?

3.3 Eine Nahrungskette im Schulteich

Manchmal kannst du in Teichen Molche beobachten. Vielleicht hast du mit deiner Klasse sogar vor einiger Zeit einen Schulteich angelegt, in dem sich jetzt Molche aufhalten. Wovon ernähren sich diese Schwanzlurche, ist doch das klare Teichwasser auf den ersten Blick „leer"?

Unter dem Mikroskop erkennst du, dass das Teichwasser voller Leben ist. Alle Lebewesen des Teiches müssen sich irgendwie ernähren und dienen wiederum anderen Lebewesen als Nahrung. Ordnest du die Lebewesen nach diesen Gesichtspunkten, so erhältst du eine **Nahrungskette.**

Den Anfang einer solchen Nahrungskette bilden im Wasser schwebende *Algen*, das pflanzliche **Plankton.** Manche Algen sind einzellig, andere bilden mehrzellige Kolonien. Alle enthalten Chlorophyll und erzeugen ihre Nahrung mithilfe der Fotosynthese

1 Nahrungskette.
A *Algen;* **B** *Rädertier;*
C *Kaulquappe;* **D** *Libellenlarve;*
E *Teichmolch*

Ohne Wasser kein Leben

Prüfe dein Wissen

A1 Finde die richtigen Aussagen heraus und berichtige die falschen.
a) Fast drei Viertel der Erde sind mit Wasser bedeckt.
b) Ein verdunsteter Regentropfen kann als Schneeflocke wieder auf die Erde zurückkehren.
c) Jeder Mensch nimmt pro Tag etwa 20 ml Wasser zu sich.
d) Es gibt Gebiete, in denen Menschen selbst Wassermangel verursachen. Ein solches Beispiel ist der Aralsee in Bayern.

A2 Beschrifte die folgende Abbildung.

A3 Ordne den Ziffern die richtigen Begriffe zu.

A4 Entscheide: Versteckte Wasserverschwender sind
a) ein Glas Trinkwasser;
b) ein tropfender Wasserhahn;
c) eine halb gefüllte Waschmaschine;
d) duschen statt baden.

A5 Welche Aussage ist richtig? Begründe deine Entscheidung.
a) Seit den 70er Jahren hat sich die Wassergüte unserer Flüsse zunehmend verschlechtert.
b) Wasser aus der Leitung ist nicht zum Trinken geeignet.
c) Bei Regenwetter soll nicht gedüngt werden.

A6 a) Was stellt die folgende Abbildung dar?
b) Benenne die einzelnen Abschnitte der Zeichnung.
c) In welcher Reihenfolge müsste die Zeichnung nummeriert sein, um dem tatsächlichen Verfahren zu entsprechen?

A7 In einem Bach findest du die abgebildeten Tiere.
a) Welchen Sauerstoffbedarf haben die Tiere?
b) Auf welche Wassergüteklasse kannst du schließen?

A8 Welche Aussagen sind zutreffend?
a) Zu viel Sauerstoff im Wasser bewirkt Fäulnis.
b) Zeigerorganismen zeigen die Fließrichtung eines Baches an.
c) Sauerstoffmangel bewirkt Fäulnisprozesse.
d) Ein unregelmäßiges Bachbett durchwirbelt das Wasser und reichert es mit Sauerstoff an.
e) Zeigerorganismen geben Hinweise auf die Wassergüte.

Register Fette Seitenzahlen weisen auf ausführliche Behandlung im Text oder auf Abbildungen hin; f. = die folgende Seite; ff. = die folgenden Seiten.

A

Abhängigkeit **56**, 58, 62 ff.
Abstoßungsreaktion 15
Abwasser **112**, **114**, **116**
Abwasserreinigung **114**
Abwehrsystem 97
Adrenalin 96
Aggressionsverhalten 53
AIDS 16, 38, **88 ff.**
Akne 38
Algen **120 ff.**, 124
Alkohol **58 f.**, 64
Alkoholiker 56, **58**
Allergene 92
Allergie **24**, **83**, **92 f.**
Alveolen **20 f.**
Androgene **39 ff.**
angeborene Verhaltensweise **42**
Anopheles-Mücke **79**
Ansteckung **70**, **90**
Antibiotika 76, 80, **86**, 93
Antigen 16
Antikörper 16, 82, **82 ff.**, 88
Aorta 6
Aralsee **101**
Arterie **6 ff.**, **14**, 19
Arteriosklerose 14
Asthma **24**
Atembewegung 23
Atemvolumen 23
Atemwege 20
Atmung 20
Augentierchen **121**

B

Bach 100, **106**, **118**
Bachflohkrebs **118 f.**
Bakterien 38, 70, **72 ff.**, 74, 76, **81 f.**, 84, 86, 115, 117
Bakterienformen **72**
Bakterienzelle **72**
Bart **36**
Bauchatmung **21 f.**
Baustoff 104
BEHRING, Emil von **74**
Beschwichtigungsverhalten **53**
Besitzverhalten 52
Bezugspersonen 42
Bilharziose 70
Biologische Reinigung **115 f.**
Blickkontakt 42
Blut **6 ff.**
Blutausstrich **12**
Blutdruck **19**, 96
Blutflüssigkeit **9 ff.**
Blutgefäße **6 ff.**, **13**, 92, 95
Blutgerinnung **10 ff.**
Blutgruppen **13**, **16**
Blutkreislauf **6 f.**
– doppelter 9
Blutplasma 11
Blutplättchen 9, **10**
Blutserum 11
Blutübertragung 16
Blutvergiftung **18**
Blutzellen **11 f.**
Boden **106 ff.**
Bodensee **109**
Bodensee-Wasserversorgung **109**
Borreliose **80**
Brauchwasser **110**
Bronchien **20**, 92
Bronchitis **24**
Brustatmung **21 f.**
Brüste **34**
Bulimie **60**

C

Cannabis **65**
chemische Gewässeruntersuchung **123**
chemische Reinigung **116**
Chlor **108 f.**
Cholera 74, 77, 81

D

Deponie **115**
Designer-Drogen **65**
Diastole 6
diastolischer Wert 19
Diät **60**
Diphtherie 74, 81, 85
Diskriminierung 54
Drogen **56 ff.**, **58 ff.**, **64**
Druckphase **6 f.**
Dünger **105**, 113
Durchfall **76 f.**, 88

E

Ecstasy **64**
Eichel **36**
Eierstock 34, **39 ff.**
Eileiter **34**
Eintagsfliegenlarve **118 f.**
Einzeller 38, 70, 79, **122**, **124**
Eiweißhülle 73
Eizelle **34 f.**
Elektronenmikroskop **72 f.**
Entzugserscheinungen **56**
Erbsenmuschel **118**
Erbsubstanz **72 f.**
Erektion **37**
Erosion **106 f.**
erste Hilfe **17**
Erythrozyten **11**
Essstörungen **61**

F

Facettenrädertier **121**
Familie **32**, 51
Faulschlamm-Schwingalge **121**
Fibrin **10 f.**
Fieber 71, 73, 76, **78 f.**, **85**, **87 f.**, 93
Filter **106**, **108**
Filzläuse 38
Fleißiges Lieschen **105**
FLEMING, Alexander **86**
Flimmerhärchen **24**
Fluss 100, **102**, 106, **110 f.**, **115**, **118**
Fotosynthese **124**
Frau **34 f.**, **48 f.**
Fresszellen 82
FSME (Frühsommer-Meningo-Enzephalitis) **80**
Fußpilz 71

G

Gasaustausch **21**
Gebärmutter **34**
Geburtsstätte 104
Gedächtniszellen 83
Geißeln 72
Geißeltierchen **121**
Geschlechterrollen **50**
Geschlechtshormone 34, **36 f.**
Geschlechtsmerkmale **34 ff.**, **44**
– weibliche 34
– männliche 36
Geschlechtsorgane **34 f.**, 36
– weibliche 34
– männliche 36
Gestagene **39 ff.**
Gestik **46**
Gewässergüte **112**, **118 ff.**
Giftstoffe 26
Glockentierchen **121 f.**
Goldalge **121**
Grippe **70 f.**, 73. **84 f.**
Grundwasser **100**, **102**, 106, **108**, 113
grünes Pantoffeltierchen **122**
Gruppenbildung 53
Gürtelalge **121**

H

Handgreifreflex **43**
Hanf **65**
Haschisch **64 f.**
Hauptbronchien 20
Hausstaubmilbe **93**
Hautkontakt 42
Hautkrebs **94**
Heilimpfung **84**
Heilpflanzen **87**
Hepatitis 16, 38, 65, 73, **81**, 85
Heroin 56, **65**
Herpes **81**
Herz **6 ff.**, **13**
Herzinfarkt **14**
Herzkammer, siehe Kammer
Herzkranzgefäße 6
Herztransplantation 15
Hirnanhangdrüse **39 ff.**
HIV (AIDS) 65, **89**
Hochwasser 106
Hoden 36, **39 ff.**
Hodensack **36**
Holzbock **80**
homosexuelle Beziehung 33
Hormondrüse **39 ff.**
Hormone **34 ff.**, **39 ff.**, 60, 62, 96
Hornalge **121**
Hospitalismus 43
Humusschicht **106**
Husten 24, 78
Hygiene 75, 77, 110

I

illegale Drogen 65
Immunsystem 15, 78, **82**, **89 f.**, **92**, 97
Impfausweis **84 f.**
Impfstoff 74
Impfung 78, 80, **84 f.**
Imponierverhalten 53
Individualdistanz **52**
Industrie 112
Infektion 65, **70 ff.**, **78 f.**, **82**, 84, **89 f.**
Infektionskrankheit **70 ff.**, 76, 86, 88
Inkubationszeit 71, 76, **78 f.**

K

Kakteen **101**
Kalkgehalt **123**
Kamele **101**
Kamille **87**
Kammer **6 f.**
Kammkieselalge **121**
Kapillaren **8 f.**, 18, **21**
karzinogen 95
Kaulquappen **124**
Kehlkopf **20**, **36**
Keimdrüsen **39 ff,**
Keuchhusten 72, 81
Killerzellen 82
Kindchenschema **44**
Kinderlähmung **73**, 85
Kitzler **34**
Kläranlage 112, **114 ff.**
KOCH, Robert **74**
Köcherfliegenlarve **118 f.**
Kohlenstoffdioxid **9 ff.**, **21 ff.**, 122, 124
Kohlenstoffmonoxid 26
Kondensat 26
Konflikt 55
Körpergewicht 60
Körperkreislauf **8**
Körpersprache **46**, **55**
Körpertemperatur 104
Krebs 89, **94**
Kriebelmückenlarve 118
Küchenzwiebel **105**
Kugelmuschel **118 f.**

Register

L

Lächeln **42**
Landwirtschaft **113**
Lebensmittelvergiftung **76**
Lebensraum **104**, 117
Leukozyten **11**
Libellenlarven **124**
Liebe **33**
Lösungsmittel **104**
Luftröhre **20**
Lunge 8, **20**, 23
Lungenbläschen **20 ff.**
Lungenflügel **20**
Lungenkrebs **24**, 26
Lungenkreislauf **8**
Lurche **124**
Lymphe **18**, 82
Lymphflüssigkeit **82**
Lymphgefäße **95**
Lymphgefäßsystem **18**
Lymphknoten **18**, 82
Lymphozyten **18**

M

Magersucht **60**
Malaria **79**
Mann **36 f.**, **48 f.**
Marihuana **65**
Masern **78**, 85
mechanische Reinigung **114 ff.**
Medikamente **62 ff.**, 79, 86 f., 93, 95 f.
Menstruation **34 f.**, **38 ff.**
Metastasen **95**
Mikroorganismen **70 ff.**
Mikroskop 74, 86, 105
Milbe **93**
Milz **82**
Milzbrand **74**
Mimik **42**, **46 f.**
Mineralsalze **104**
Molche **124**
Moose **106 f.**
Moospflanze **106**
Morphium **65**
Mückenlarven **119**
Müll **113**
Mumps **73**, 85
Muscheln **119**
Mützenschnecke **118**

N

Nahrungskette **124**
Nasenhöhle **20**
Naturhaushalt **72**
Naturheilmethoden **87**
Nebenhoden **36**
Niederschlag **102**
Nierenalge **121**
Nierentierchen **121**
Nikotin **26 f.**, 56
Nitratgehalt **123**

O

Oberflächenvergrößerung **23**
Oberflächenwasser **100**
Opium **65**
Organspende **15**
Östrogene **39 ff.**
Ozon **109**

P

Pantoffeltierchen **122**
Paratyphus **77**
Pärchenegel **70**
Partnerschaft **32**
PASTEUR, Louis **74**
Penizillin **86**
Penizillium-Pilz **86**
Penis **36**
Pest **75**, 81
Pflanzenkläranlage **117**
Phosphatgehalt **123**
Pilze 38, **70 f.**
Pinselschimmel **86**
Plankton **120**, **122**, 124
Planktonnetz **120**
Plasmazellen **82**
Plattwurm **118 f.**
Polio **73**
Projekt **66 f.**, 120
Pubertät **30**, **34 ff.**, **39 ff.**, 51, 60
Puls 6, 25
Pulsmessung **13**
Pulsschlag 8, 19

R

Rachenraum **20**
Rädertierchen **121**, 124
Radalge **122**
Rangordnung **53**
Rattenflöhe **75**
Rattenschwanzlarve **118 f.**
Rauchen **26 f.**, 56
Raucherhusten **24**
Regelblutung **34 f.**
Reinigung des Wassers **106 f.**, **114 ff.**
– mechanisch **114**
– biologisch **115**
– chemisch **116**
Resistenz **86**
Rhesusfaktor **16**
Rhizoide **106**
Rituale **54**
Rollegel **118**
Rollenspiel **46**, 55
rote Blutkörperchen **9 ff.**
rote Zuckmückenlarve **118**
Röteln 73, **85**

S

Salmonellen **76**
Salzwasser **100**
Samenerguss **39 ff.**
Sauerstoff 6, **9 ff.**, **21 ff.**, 115, 118, 120, **122 ff.**
Säugling 42, **44**
Saugphase **6 f.**
Saugreflex **43**
Schamhaare **34**, 36
Schamlippe **34**
Scharlach 72, **81**
Scheide **34**
Schilfkläranlage **117**
Schimmelpilze **86**
Schlafmohn **65**
Schlammröhrenwurm **118 f.**
Schluckimpfung **73**
Schnecken **119**
Schnupfen 24, 70, 78, 87, 92
Schraubenalge **121**
Schulteich **120**, 124
Schutzimpfung **84 f.**
schwarzes Melanom **94**
Schwebesternchen **121**
Schweiß **38**
Schweißdrüsen **34**, 36, 38
Schwellkörper **36**
schwitzen **104**
See 109 f., 110 f.
Segelklappen **6 f.**
Sexualhormone **39 ff.**
Sexualität **30 ff.**, **35 ff.**
Sexualzentrum **39**
sexuelle Reize **44**
Situationsspiel **46**
Sonnenbrand **94**
Sozialverhalten **52**
Spermien **36**
Spermienleiter **36**
Sporen 74, 86
Sporenkapsel **106**
Stechmücke **104**
Steinfliegenlarve **118**
Streit **46**, 55
Stress **95**
Sucht **56 ff.**, 61, 63 f., **66 f.**
Suchtverhalten **56**
Süßwasser **100**
Symbiose **122**
Syphilis 38, 81
Systole **6**
systolischer Wert **19**

T

Taschenklappen **6 f.**
Taumeltierchen **121**
Teichmolch **124**
Territorialverhalten **52**
Tetanus **84 f.**
T-Helfer-Zellen **82**
Thrombozyten **11**
Thymusdrüse **82**
Tiere **118**
Tonnentierchen **121**
Training **25**
Transportmittel **104**
trinken **104**
Trinkwasser **108**, 109, 110 f., 123
Tripper 38, 81

Tuberkulose 72, 74, 81, 85
Tumor **95**
Typhus 77, 81

U

Umkippen eines Gewässers **118**
UV-Strahlen **94**

V

Venen **6 ff.**
Venenklappe **8 f.**
Verdunstung **102**, 104 f.
Verhalten **42 ff.**, **46**, **52 ff.**
– angeborenes **42**
Verschmutzung **108**, 112, 118
Viren 38, 70, **73**, 78, **80 ff.**, 85, **89**
Viruserkrankung **73**
Vorfluter **115**
Vorhaut **36**
Vorhof **6 f.**
Vorsteherdrüse **36**

W

Wachstumshormone **39 ff.**
Wald **106**
Waldboden **106 f.**
Wandkontaktverhalten **52**
Wasser **100 f.**
Wasserassel **118 f.**
Wasserersparnis **110 f.**
Wasserfliegenlarve **118**
Wasserfloh **124**
Wassergehalt **100**, 105
Wasserhaushalt **106 f.**
Wasserkreislauf **102**
Wassermangel **101**
Wassernutzung **108 f.**
Wasserrechnung **111**
Wasserschutzgebiete **108**
Wasserspeicher **106 f.**
Wassertiere **118 f.**, 120 f., **124**
Wasseruhr **110**
Wasseruntersuchung **118**, 120
Wasserverbrauch **108**, **110 ff.**
Wasserverlust **104**
Wasserversorgung **109 ff.**
Wasserwerk **108**, 110
weiße Blutkörperchen **9 ff.**, 82
Wimperntierchen **121**
Wirtszelle **73**
Wundstarrkrampf **81**
Wüste **101**

Z

Zecken **80**
Zeigerorganismen **118 ff.**
Zellmembran **72**
Zellplasma **72**
Zellwand **72**
Zwerchfell **21**

Bildquellenverzeichnis

Titel (Prachtlibelle): Hartl/Okapia, Frankfurt; Titel (Seerose): Grzimek/Okapia, Frankfurt; 6.1: Bavaria, Gauting; 10.1A: Telner/Okapia, Frankfurt; 10.1B: Meckes/Ottawa/eye of science, Reutlingen; 10.2: eye of science, Reutlingen; 12.2: Tegen, Hambühren; 13.1: Dobers, Walsrode; 13.2A: Behrens, Lehrte; 14.1: Meadows/Okapia, Frankfurt; 15.1: Campbell/Arnold/Okapia, Frankfurt; 15.2: Behrens, Lehrte; 16.1A: Cortier/Okapia, Frankfurt; 17.1A: Hoffmann/Mauritius, Mittenwald; 17.1B: Palmer/Mauritius, Mittenwald; 19.1A: Behrens, Lehrte; 19.1B: 2+3d design, Düsseldorf; 20.1A: Mauritius, Mittenwald; 20.1B: Lindenburger/Silvestris, Kastl; 22.3, 23.1: Tegen, Hambühren; 24.1, 26.1–3: Minkus, Isernhagen; 30.1: Zeeb, Holzgerlingen; 30.2, 32.1A–1D: Minkus, Isernhagen; 32.1E: Fabian, Edemissen; 33.1F: Behrens, Lehrte; 33.1G: Fabian, Edemissen; 34.1, 36.1: Minkus, Isernhagen; 42.1A: Tönnies, Laatzen; 42.1B: Fischer/Okapia, Frankfurt; 42.1C: Hoffmann/Blinden- und Sehbehindertenverband Niedersachsen e. V., Hannover; 43.2A–2C: Tönnies, Laatzen; 44.1: Pigneter/Mauritius, Mittenwald; 44.2A: Tönnies, Laatzen; 45.1: Disney, Eschborn; 45.2: Age/Mauritius, Mittenwald; 45.3: Behrens, Lehrte; 46.1: Benelux Press/Mauritius, Mittenwald; 46.2: AGE/Mauritius, Mittenwald; 46.3: Benelux Press/Mauritius, Mittenwald; 46.4: Int. Stock/IFA-Bilderteam, München; 46.5–7: Freundner-Huneke, Neckargemünd; 48.1A+1B: Minkus, Isernhagen; 48.1C: Fabian, Edemissen; 49.2A+2B: Minkus, Isernhagen; 49.2C: Fabian, Edemissen; 50.1: Minkus, Isernhagen; 50.2: Archiv für Kunst und Geschichte, Berlin; 50.3+4: Minkus, Isernhagen; 51.1: Müller/Greiner+Meyer, Braunschweig; 51.2: Minkus, Isernhagen; 51.3: Bildarchiv Preußischer Kulturbesitz, Berlin; 52.1A: Fabian, Edemissen; 52.1B+1C, 53.2–4, 54.5: Fabian, Edemissen; 54.6: Minkus, Isernhagen; 54.7: Fabian, Edemissen; 56.1A–1 E: Minkus, Isernhagen; 57.1A: Freundner-Huneke, Neckargemünd; 57.1B: zefa, Düsseldorf; 57.2: AGE/Mauritius, Mittenwald; 57.3: Pöhlmann/Mauritius, Mittenwald; 57.4: SST/Mauritius, Mittenwald; 58.1: Minkus, Isernhagen; 60.1: Buriel/Science Foto Library/Focus, Hamburg; 62.1: Heitmann/Silvestris, Kastl; 62.2: Lindenburger/Silvestris, Kastl; 63.2: Fabian, Edemissen; 64.1: Krumm/dpa, Frankfurt; 64. Rand: Polizei, Broschüre: Wie schützen Sie Ihr Kind vor Drogen?; 65.1: action press, Hamburg; 65.2: Sapountsis/Okapia, Frankfurt; 65.3: Schacke/Naturbild/Okapia, Frankfurt; 66.1, 67.1+4: Fabian, Edemissen; 68.1+2: Minkus, Isernhagen; 68.3: Zeeb, Holzgerlingen; 70.1A: Beck/Mauritius, Mittenwald; 70.1B: Bühler, Offenburg; 72.1A: Science Photo Library/Focus, Hamburg; 72.1B: Freundner-Huneke, Neckargemünd; 72.1C: Filser/Bavaria, Gauting; 72.2A: Phototake/Mauritius, Mittenwald; 73.2A: Pöhlmann/Mauritius, Mittenwald; 73.2B: Libera, München; 74.1: Hoechst AG, Frankfurt; 75.2: Archiv für Kunst und Geschichte, Berlin; 76.1B+1C: Dobers, Walsrode; 78.1A: Keystone, Hamburg; 79.1: Bruckner/Silvestris, Kastl; 80.1: Hecker/Silvestris, Kastl; 80.2: Freundner-Huneke, Neckargemünd; 80.3+4: Baxter Deutschland GmbH, Heidelberg; 81.1: Neufried/Okapia. Bilder pur, München; 81.2: Zuber/CMSP/Okapia. Bilder pur, München; 81.3: Biophoto/Science Sou/Okapia, Frankfurt; 82.1: Minkus, Isernhagen; 83.4: Meckes/Institut für Wissenschaftliche Fotografie Kage, Lauterstein; 85.1: Behrens, Lehrte; 85.3: LP/Laenderpress, Mainz; 85.4: Behrens, Lehrte; 86.1A: Durham/Science-Photo/Library/Focus, Hamburg; 86.1B: Deutsches Museum, München; 87.1A+1B, 87.2+3: Freundner-Huneke, Neckargemünd; 88.1A+1B: Minkus, Isernhagen; 88.3A: Gelderblom/Bayer AG, Leverkusen; 91.1–3: Müller, Solingen; 92.1A: Burgess/Science Photo Library/Focus, Hamburg; 92.1B: Prof. Wanner/Karly, München; 92.1C: Auli/Mauritius, Mittenwald; 93.1: Heitmann/Silvestris, Kastl; 93.2A: Havel/Mauritius, Mittenwald; 93.2B: Prof. Wanner/Karly, München; 93.3: Freundner-Huneke, Neckargemünd; 93.4: Greg Evans/Okapia, Frankfurt; 93.5: Meckes, eye of science/Focus, Hamburg; 94.1: Grimm/dpa, Frankfurt; 94.3: Neufried/Okapia, Frankfurt; 96.1, 98.1: Minkus, Isernhagen; 100.1A: Janssen/Okapia, Frankfurt; 100.1B: creativ collection Verlag GmbH, Freiburg; 101.2: Gouasé, Speyer; 101.3: dpa, Frankfurt; 104.2: Rossi/zefa, Düsseldorf; 104.3A+3B: Thesing, Calmbach; 106.1: Walz/Silvestris, Kastl; 106.3: Stuke, Hiddenhausen; 107.3: Dobers, Walsrode; 109.1: Steinmetz/plus 49/BWV Zweckverband Bodensee-Wasserversorgung, Stuttgart; 110.2: Raab Karcher Energieservice GmbH, Münster; 111.4A: Brita GmbH, Taunusstein; 111.4B: Spinnrad GmbH, Gelsenkirchen; 112.1: Siebig/IFA-Bilderteam, Taufkirchen; 112.2: Landesamt für Wasserwirtschaft Rheinland-Pfalz, Mainz mit freundl. Unterstützung von Michael Wojczak; 112.4: BASF, Ludwigshafen; 113.5: Michler, IFA-Bilderteam, Taufkirchen; 113.6: Keystone, Hamburg; 116.1+2: Tegen, Hambühren; 117.1A+1B: Fa. Hofmann, Pfullingen; 120.1A, 122.1–4: Mathias, Reutlingen; 123.1: Simper, Wennigsen; 123.2: Tegen, Hambühren

Trotz entsprechender Bemühungen ist es nicht in allen Fällen gelungen, den Rechtsinhaber ausfindig zu machen. Gegen Nachweis der Rechte zahlt der Verlag für die Abdruckerlaubnis die gesetzlich geschuldete Vergütung.

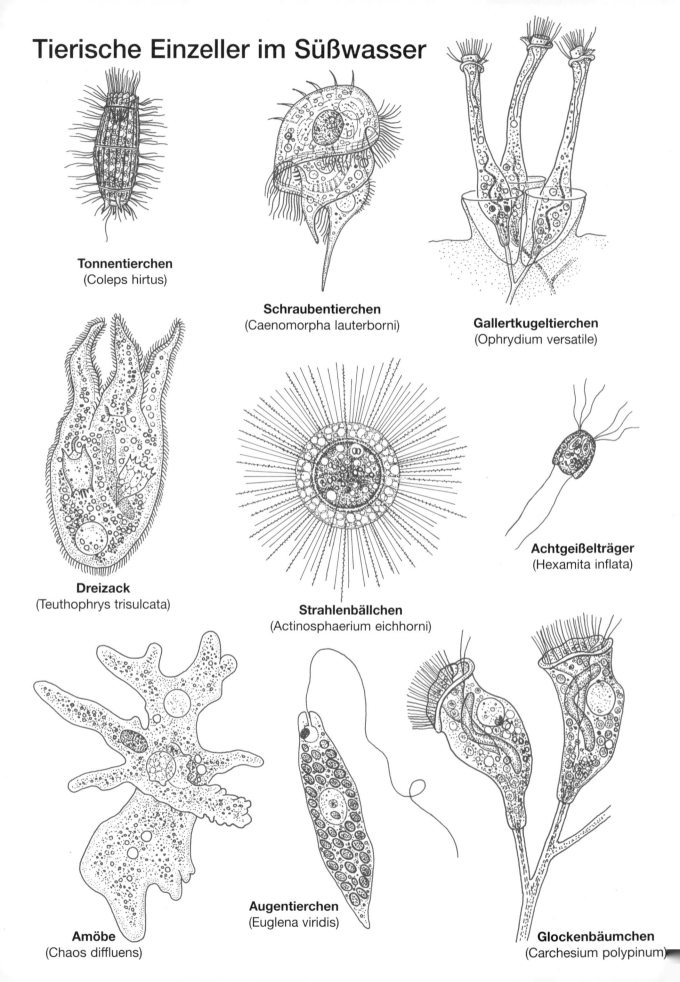